법조계 악성 카르텔

김제방 역사서사시집

문학공원 시선 229

법조계
악성 카르텔

김제방 역사서사시집

대한민국 역사를 보여주는 詩

지난 5천년의 인류역사는 서서히 발전했다.
그러나 지금은 그 발전 속도가 빨라지고 있다.
아차! 실수하는 날이면 곤두박질 칠 수도 있다.
나라의 미래를 걱정하는 위정자라면 역사의 흐름을 올바르게 알아야 한다.

문학공원

〈서언〉
사라센제국

내가 1962년 대학을 졸업하고 사회에 진출할 때 우리나라의 국민소득은 80달러에 불과했다. 세계에서 네 번째로 가난한 나라였다. 국토 분단과 6·25전쟁의 폐허, 5천 년을 이어온 찌든 가난에 춘궁기 '보릿고개'를 숨 가쁘게 넘어야 했다. 이때 한국인인 걸 부끄럽게 생각하고 우리 자신을 비하하는 풍조가 만연했다. 팽이·엽전·코리안타임 등 자기 비하를 서슴없이 하던 때가 불과 반세기 전의 일이다.

그러나 우리는 1961년 5·16혁명을 계기로 아주 **빠른** 속도로 발전해 지금 국민소득 3만 달러 시대를 살고 있다.

2021년 7월 2일 유엔무역개발회의(UNCTAD)가 한국의 지위를 선진국(先進國)으로 의결함으로써 대한민국은 이제 선진국이 되었다.

박정희 대통령의 선산업화(先産業化) 후민주화(後民主化)의 국가발전전략은 세계를 놀라게 해 '20세기의 기적'으로 칭송받으면서 대한민국은 10대 경제 대국으로 도약할 수 있었고 국민소득 3만 달러 인구 5천만 국가 클럽에 가입해 미국·일본·영국·독일·프랑스·이탈리아에 이어 일곱 번째 국가가 되었다.

한국은 후발국들의 롤모델이 되고 있다.

대한민국은 선진국이다.

우리는 선진국 국민이다.

그 엄청난 발전과정에서 공인회계사의 한 사람으로 1970년대 중동 건설 붐에 편승해 해외 출장을 자주 다닐 수 있었고 그 중동역사에 심취하게 되었다.

중동은 이집트 문명·메소포타미아 문명의 발상지로 고대 오리엔트 역사의 화려함을 이어받아 페르시아(이란)가 중동을 통일하였다. 기원전 334년 마케도니아의 알렉산더가 그리스를 평정한 여세를 몰아 페르시아 원정이 시작되었다. 페르시아가 패망하고 동서양을 아우르는 헬레니즘 시대가 열렸다.

그러나 알렉산더가 사망하고 그의 후계자들이 3개의 정복왕조를 탄생시켰으니 이들 왕조는 약 300년을 지탱하다가 모두 로마에 정복당하면서 세계사는 요동치기 시작했다. 이 헬레니즘시대를 거쳐 로마로 옮겨가는 세계사는 기독교문화를 개화시켰고, 서기 392년 그리스도교를 국교로 정한 로마 티오도시우스 황제는 395년 로마를 쪼개 장남에게 동로마를, 차남에게 서로마를 주었다.

그러나 서로마제국은 476년 게르만족에게 멸망했다. 동로마제국은 그로부터 1천 년 후인 1453년 이슬람국 튀르키예(터키)에 의해 멸망했다.

요동치는 세계사!

그 역사 속에 사우디아라비아에서 마호메트(Mahomet : ?-632)가 탄생했다.

일찍 부모를 잃은 양치기 소년 마호메트가 청년이 되면

서 시리아·메소포타미아로 장삿길을 떠난다. 밖에서 오리엔트 문화를 만난 마호메트는 자기 나라 문화가 뒤져

있음을 가슴 아파했다. 아라비아인들은 사막에서 단련되어 용감하고 전투적이고 강인한 기질에 술 좋아하고 무속을 숭상해 거석(巨石)과 신목(神木)에 기도를 했다.

마호메트는 무지한 백성들을 바른길로 인도하고 아라비아인 전체의 양민화를 위해

종교의 힘을 빌리기로 했다.

마호메트는 외지로 장사를 다니면서 그리스도교·유대교에 대한 지식을 쌓고 중년에 이르러 알라신의 예언자가 되라는 계시로 새로운 종교 이슬람교를 탄생시켰다.

새로운 종교는 메카에서 용납되지 않아 박해를 피해 서기 622년 7월 15일 메디나로 도망하니 이를 헤지라(Hegira: 聖遷)라고 하여 서기 622년은 이슬람의 원년이 되고 있다.

메디나에서 포교에 성공한 마호메트는 서기 630년 메카를 탈환하고 우상숭배의 중심지 카바에 흑석(黑石)만 남기고 모두 추방하고 이슬람교의 신전으로 만들었다.

그게 지금 사우디아라비아에 있는 카바신전이다.

마호메트는 스스로 재판관이 되어 알라신의 신정정치를 선포했다. 632년 마호메트 사후 그의 계승자를 칼리프(Caliph)라 했고 칼리프들은 정치·신앙상 이슬람 세계에서 가장 높은 신분으로 첫째 사명은 이슬람을 전파하고 영토를 넓히는 것이었다.

칼리프들은 아라비아는 물론 서남아시아·아프리카를

정복하고 다시 스페인까지 영토를 확장해 고대 로마제국에 버금가는 대제국을 건설했다. 이를 '사라센제국'이라 했다.

이렇듯 중동 역사에 매료되어 세계사로 들락거리면서 한국사에 이르러 한국현대사를 자랑스럽게 생각하는 계기가 되었다. 제2차세계대전 이후 이렇게 급속하게 발전한 경우는 세계적으로도 한국이 유일하다고 한다.

지난 5천 년의 인류역사는 서서히 발전했다. 그러나 지금은 그 발전 속도가 빨라지고 있다. 아차! 실수하는 날이면 곤두박질칠 수도 있다. 나라의 미래를 걱정하는 위정자라면 역사의 흐름을 올바르게 알아야 한다.

역사는 내편 네편이 따로 없다.

그런데 지금 우리는 좌우 이념 갈등으로 소모적인 역사전쟁을 벌이고 있다.

누구를 위한 논쟁인가? 지금 우리는 자기 나라 역사도 제대로 못 쓰는 선진국 국민이 되어 있다. 압축성장 과정에서 다소 부족하고 불만스러운 점이 있어도 긍정적으로 보는 너그러움이 있어야 할 것이다. 감사할 줄도 알아야 한다. 배은망덕한 국민이 되어서는 더욱 안 될 것이다. 과오가 없는 위인은 없다고 했다.

지금 우리는 눈으로는 볼 수 없지만 알게 모르게 이런 역사에 휘말리고 있다는 사실을 알아야 한다.

역사도 쓸 줄 모르는 선진 국민!

그 오명에서 하루 빨리 벗어나야 할 것이다.

차례

서언 - 사라센제국 … 4

제1장 캠프 데이비드 원칙

한미일 3국정상회의 … 16
부친 별세 마음 아프다 … 19
한미일 초밀착협력 시대 … 21
윤 대통령의 정치적 용기 … 23
북인권 사이버 돈줄 … 25
중국 견제 명시 … 26
북미 극한기후 … 27
미로에 빠진 한국외교 … 28
미일 야당은 환영 … 29
한미일 협력 새 시대 … 31
중국 고속성장 막내려 … 32
이균용 대법원장 후보 … 33
한국경제인협회 출범 … 34
이상동기 범죄 … 35
대법 정상화 예고 … 36
김정은의 무리수 … 37
일본 오염수 방류 … 38
프리고진 사망 … 39
죽음은 모든 문제 해결 … 40
내용증명원(3) … 42
마음의 빚 … 43
하소연? … 48

제2장 개판이 된 재판

인생항로 … 50
김형 중매 한번 서게 … 51
떠밀려 나간 데이트 … 52
그러나 … 53
첫 에세이집 발간 … 54
아내의 동생 … 56
아내의 지참금 … 58
2020년 코로나19 재앙 … 59
재판이 아니라 개판이다 … 62
등잔 밑이 어둡다 … 64
법조계의 먹잇감 … 65
쉬운 일이 없다 … 66
제1신: 종친 제위 귀하(2007년 7월 29일) … 69
제2신: 종친 제위 귀하(2007년 8월 8일) … 71
비상대책회의 … 74
협의타결 … 76
코로나19가 도와줬다 … 77
만납시다 … 78
밤말은 쥐가 듣고 … 79
우리는 너무 늙었다 … 80
아내의 사고방식 … 82
꼬리 무는 의문 … 83
내용증명원(4) … 84
엎질러진 물이로다 … 87

제3장 고립무원의 늙은이

나라가 거덜나기 직전 … 92
홍범도 장군 동상 … 93
시진핑 리스크 … 94
이균용 후보 - 민판연 … 95
군 뿌리 바꾸려 했다 … 96
이재명의 무기한단식 … 97
간토대학살 100년 … 98
총선 비호감도 60% … 99
공산세력이 반일선동 … 100
영역 넓히는 뉴라이트 … 101
북 급변사태 가능성 커 … 102
내용증명원 … 103
검은 상복의 교사들 … 107
김정은 체제 불안정 … 109
미국판 새만금잼버리 … 110
내 나이 90세 … 111
아들의 대필 편지 … 112
속달 등기우편 … 114
고립무원의 늙은이 … 115
윤 대통령 인도네시아 도착 … 116
법조계의 카르텔 … 117
2억7,700만의 인도네시아 … 118

제4장 50번째의 저서 출간

나의 원대한 꿈 ⋯ 120
미국 북에 경고 ⋯ 121
외교의 변화 한·일·중 ⋯ 122
출구 없는 이재명 단식 ⋯ 123
이번엔 더러운 폭탄 ⋯ 124
임용원 당신에게 ⋯ 125
한·인도네시아 정상회담 ⋯ 129
모로코 120년 만의 강진 ⋯ 130
G20 뉴델리 정상회의 ⋯ 131
바이든 광폭 행보 ⋯ 132
한·인도 정상회담 ⋯ 133
윤·바이든 친분 ⋯ 134
윤 대통령 귀국하던 날 ⋯ 135
바이든 베트남 국빈 방문 ⋯ 136
어지러운 세상 ⋯ 139
리비아의 비극 ⋯ 141
북·러 악마의 거래 ⋯ 142
위험한 시대 ⋯ 143
북·러 정상 밀착 회동 ⋯ 144
박근혜 만난 김기현 ⋯ 145
투사형 전진 배치 ⋯ 146
아름다운 마무리 ⋯ 147

제5장 벼랑 끝의 90 늙은이

부동산 강제경매 … 150
사회악(社會惡) … 151
지하철 7호선을 타고 … 152
양승태 대법원장 징역 7년 … 154
문정부 통계 94차례 조작 … 155
인천상륙작전 73주년 … 156
정치파국 … 157
한동훈 법무부장관 … 158
윤 대통령 유엔총회 참석 … 159
고개 숙인 이균용 … 160
단식 만류한 문재인 … 161
정치얘기만 할 때인가 … 163
반송 편지 … 165
고립·은둔 청년 … 166
윤 대통령 북·러 비판 … 167
불체포특권 포기한 이재명 … 168
이균용 대법원장 후보자 … 169
이재명 체포동의안 가결 … 171
민주당 의총 아수라장 … 172
김명수 대법원장 퇴장 … 175
5일간 41회 양자 회담 … 178
100만 치매 환자 … 179

내가 할 일은 무엇인가 … 180
90 늙은이의 초라한 행색 … 181
대법원장 공석 … 182
이재명 단식 중단 … 184
항저우 아시안게임 … 185
김명수 퇴임식 … 186
75주년 국군의날 … 188
박근혜 진솔한 사과 … 189
이재명 영장기각 … 190
여야의 공방 … 191
6일간의 추석 연휴 … 192
청원서 … 195

〈부록〉
📖 김제방 역사학자의 출판도서 연보 … 200

제 1 장
캠프 데이비드 원칙

한미일 3국정상회의

윤석열 대통령과 조 바이든 미국 대통령
기시다 후미오 일본 총리가 2023년 8월 18일
미 대통령 별장인 캠프 데이비드에서 만나
인도·태평양 지역 내 공동위협과 도전에
3국이 즉각 공조하는 내용을 담은 별도 문서인
'3자협의에 대한 공약'을 채택했다
3국협력의 지침을 담은 캠프 데이비드 원칙과
이행방안인 공동성명 '캠프 데이비드 정신'에 더해
북한의 핵·미사일 위협 중국과 러시아의
현상 변경 시도를 비롯한 역내 위협에 공동 대응하는
문서를 추가로 채택했다
3국은 캠프 데이비드 원칙에서 "무엇보다
우리는 대한민국 미국 일본이 하나가 될 때 더 강하며
인도·태평양 지역이 더 강하다는 것을
인식한다"고 적시했다

캠프 데이비드 정상회의를 계기로 3국이
최소 연 1회 정상회의
외교·국방·산업장관 연 1회 정례 회담을 추진하고
반도체 공급망 등 경제 안보 협력을 강화하면서
쿼드(Quad: 미국·일본·호주·인도의 안보협의체) 이상의

준군사경제동맹 격상 지향을 본격화하고 있다는
평가가 나온다
대통령실은 "3국 파트너십이 새로운 시대를 맞았다"며
"한미일 협력이 쿼드·오커스(Aukus: 미국·영국·호주의
안보 파트너십) 등과 함께 역내 평화 번영 증진을 위한
강력한 협의체로 기능할 것"이라고 밝혔다

윤 대통령은 캠프 데이비드에서 한미일 정상이 채택한
'3자 협의에 대한 공약'에서
"한미일 공동이익과 안보에 영향을 미치는 지역적 도전과
도발 위협에 대한 대응을 조율하기 위해
3국이 신속하게 협의할 것을 공약한다
이 협의를 통해 정보를 공유하고 메시지를 동조화하며
대응 조치를 조율하고자 한다"고 밝혔다

한미일은 미사일 방어훈련 정례화 등
정상 간 합의를 바탕으로
다년간의 3자 훈련계획 사전수립 협의에 착수했다
한미일 사이버협력 실무 그룹을 신설해
북한의 미사일 개발 자금줄인
불법사이버 활동을 감시하고
3국은 캠프 데이비드 원칙에서 중국을 겨냥해
"우리는 대만해협 평화와 안정의 중요성을 재확인한다
양안 문제의 평화적 해결을 촉구한다"며

"힘 또는 강압에 의한 어떤 일방적 현상 변경 시도에도 강력히 반대한다"고 명시했다
백악관 고위 당국자는 "3국 중 어떤 국가에라도 안보에 영향을 미치는 위기 시 협의를 의무화하는 약속"이라고 밝혔다

부친 별세 마음 아프다

사상 초유의 한미일 3국 정상회의에서 채택된 공동성명은
태평양 동쪽과 서쪽의 세 나라가
새로운 국제질서를 구축하기 위해
힘을 한데 모은다는 의미를 담은 것이다
세 정상은 회의장 안팎에서 각별한 친밀감을 보여 주었다
가장 주목을 받은 것은 부친상을 당한
윤석열 대통령에 대한 조의 표명이었다
윤 대통령이 8월 17일 도착 직후
바이든 미국 대통령과 전화 통화를 했다
바이든 대통령은 윤 대통령의 부친인
윤기중 연세대 명예교수가 8월 15일 별세한 데 대해
위로를 전했고 윤 대통령도 이에 화답했다
바이든 대통령은 전화 통화에 앞서
윤 대통령에게 부친상을 애도하는
메시지와 조화도 보냈다
바이든 대통령은 통화에서
"부친의 별세에 마음이 아프다
대통령님과 유가족에게 깊은 위로를 드린다"며
애도의 뜻을 전했다
이에 윤 대통령은 "바이든 대통령과 영부인께서
걱정해주신 덕분에 아버지를 편안하게 잘 모셨다

감사하다"고 답했다

윤 대통령은 이어 "하와이 마우이 산불을

서울에서부터 많이 걱정했다

'안보동맹'이란 재난 시에도

늘 함께하는 것이라고 생각한다

잘 극복하실 수 있도록

모든 일을 할 마음의 준비가 되어 있다"며

하와이 산불 사태를 위로했다

이에 바이든 대통령은 "관대한 마음에 감사드린다

윤 대통령은 불굴의 용기를 가진 좋은 친구"라며

"내일 우리의 역사를 새로 쓰는 자리

새로운 길을 개척하는 캠프 데이비드에서

만나 뵙기를 희망한다"고 말했다

한미일 초밀착협력 시대

2023년 8월 18일 캠프 데이비드에서 열린
한미일 정상회의를 통해 세 나라의 협력관계가
새로운 시대를 맞이했다는 것에
윤석열 대통령과 조 바이든 미국 대통령
기시다 후미오 일본 총리가 인식을 같이했다
다음 한미일 정상회의는 2024년 상반기
한국에서 열릴 것으로 알려졌다
윤 대통령은 20일 귀국 이후 SNS에 올린 글을 통해
"바이든 대통령 기시다 총리와 협력의
새로운 장을 열었다"며
"공유된 비전과 새로운 정신을 갖고
캠프 데이비드를 떠날 수 있었다"고 밝혔다
그러면서 두 정상을 모시고 다음 3국 정상회의를
한국에서 주최하는 것을 희망한다"고 덧붙였다
바이든 대통령도 정상회의 직후 캠프 데이비드에서 열린
기자회견에서 이번 정상회의를
"새로운 시작" "역사적인 순간"이라고 평가했다
"3개국의 협력은 앞으로 수십 년에 걸쳐
장기적으로 진행될 제도적 변화"라고 정의하기도 했다
기시다 총리는 "3개국 파트너십의
새로운 시대를 열어나가겠다는 결의를 밝힌다"며

"캠프 데이비드 역사에
새로운 한 페이지를 새기게 됐다"고 말하면서
이번 정상회의에 대해
'필연이자 시대의 요청'이라고 표현했다
세 정상은 역내 안보 및 경제 관련 위협이
발생하면 3개국이 곧바로 공동대응하기로 약속했다

윤 대통령의 정치적 용기

외신들 "윤 대통령의 정치적 용기가
3국 정상회의 주도적 역할…"
세 나라 외교가와 외신은 이런 극적인 변화 뒤에
윤석열 대통령이 있다고 평가하고 있다
윤석열 대통령이 한일 관계 개선에 적극 나서면서
한미일 협력도 속도를 낼 수 있었다는 분석이다
바이든 대통령도 이번에 윤 대통령과 대화하면서
한일 관계 정상화를 위해 노력한 점을 높이 샀다고 한다
윤 대통령은 지난해 8월 광복절 경축사를 통해
"일본은 힘을 합쳐야 하는 이웃"이라고 규정했고
1개월 뒤 뉴욕에서 한일 정상회담을 했다
올해는 정치적 부담을 감수하고
일제강점기 강제징용 문제의
해법(제3자 변제)을 제시했다
뉴욕타임스는 "윤 대통령이 정책 변화를 주도하면서
한일 양국의 관계가 개선됐다"며
"이를 통해 한국이 북한의 핵·미사일이나
중국의 군비 증강과 같은 긴급 안보 현안을
해결할 수 있다는 점을 보여줬다"고 평가했다
영국 파이낸셜타임스는
"중국과 북한의 위협이 증가하면서

한미일 협력의 놀라운 진전이 가능했다"며
"3국이 놀랄만한 정치적 의지가 있었기 때문에 가능했고
특히 한국이 의지를 발휘했다"는
퍼트리샤 킴 부르킹스연구소 연구원의 분석을 전했다
대통령실 관계자는 "주요 외신이 이번 정상회의에서
바이든 대통령이 윤 대통령의 '정치적 용기'를 여
러 차례 평가했다고 보도했다"며
"3자 정상회의 성공에 윤 대통령의 공이 있다는
전문가 분석도 실었다"고 설명했다

북인권 사이버 돈줄

북 인권·사이버 돈줄 조준…
한미일 김정은 아픈 곳 찌른다…
한미일이 함께 '사이버 범죄차단' 카드를 꺼내
김정은 북한 국무위원장의 제일 아픈 곳을 정확히 찔렀다
윤석열 대통령과 조 바이든 미국 대통령
기시다 후미오 일본 총리는
18일 발표한 '캠프 데이비드 정신'에서
"불법적인 대량 살상무기 및 탄도미사일 프로그램의
자금원으로 사용되는 북한의 불법 사이버 활동에 대해
우려를 표명한다"고 밝혔다
김정은 정권의 새로운 돈줄로 떠오른
암호화폐 해킹을 비롯한 사이버 범죄를
겨냥한 대목으로 풀이된다

중국 견제 명시

한국 미국 일본은 18일
미국 캠프데이비드에서 열린 정상회의를 계기로
지역적으로 한반도를 넘어 인도·태평양과 전 세계
분야별로는 북핵 대응을 넘어 군사·경제·과학기술 등
전 영역으로 공조를 확대하며
글로벌 안보 파수꾼을 지향하는 협력체로 진화했다
동시에 3국 정상은 처음으로 중국을
"불법적 해상 영유권 주장을 뒷받침하는
위험하고 공격적인 행동" 주체로 집적 거명
대중 견제라는 '진화의 방향' 역시 명확하게 설정했다
캠프 데이비드 정신은
인도·태평양의 안정과 번영이라는 목표 아래
▶ 동남아시아국가연합(ASEAN) 및 태평양 도서국 협력
▶ 대한해협·남중국해에서 벌어지는 중국의
　일방적 현상변경 시도대응
▶ 북핵 위협 대응과 비핵화 추구
▶ 단합된 대(對)우크라이나 지원 등을 추구하는
3국 공조 청사진을 그렸다

북미 극한기후

미국이 극심한 기후 재난을 겪고 있다
하와이 마우이섬 산불에 이어 캘리포니아에
허리케인이 상륙하고
캐나다 산불에 따른 미국 동북부 공기오염
섭씨 40도를 웃도는 중남부 폭염 가뭄과
홍수 등이 이어지고 있다
기후 재난이 지구온난화로 인해
더욱 빈번해지고 심각해지며
내년 11월 미국 대선을 앞두고
주요 정치 쟁점이 될 조짐을 보인다
8월 19일 마우이 경찰 당국은 하와이 산불로 인한
사망자가 114명이 됐다고 밝혔고
미 연방재난관리청이 파악한
실종자 수는 1,100 - 1,300명이다

미로에 빠진 한국외교

윤석열 대통령이 8월 18일 한미일 정상회담에서 합의한
'캠프 데이비드' 3개 문건으로
한국외교는 미증유의 '미로'에 진입했다는
기사도 있다(경향신문)
침략과 피지배의 과거사로 군사적 협력이 불가능했던
한일이 군사동맹 수준으로
밀착하는 길을 열었다는 평가가 나온다
공동성명에 중국을 '국제질서를 어기는 국가'로 적시하면서
1992년 수교 이후
우호 협력을 기반으로 해온 대중 전략기조는 급변해
한국이 얻게 될 경제적·안보적 이익도 분명치 않다
한국 외교가 윤 대통령 결단에 의존한
전인미답의 길로 들어섰다는 의견이 나온다고 했다
미국이 한미일은 불가역적인 인도·태평양 지역 협력체로
진화해야 한다는 점을 강조한 것도 눈에 띈다
미국이든 한국이든 정권이 바뀌더라도
한국이 주도적으로 한미일 공약을 깨기는 어려워
한국 외교에 낙인처럼 적용할 여지도 있다고 했다

미일 야당은 환영

미일 야당에선 환영… 더불어민주당만
"한미일 협력이 우리가 갈 길이냐?"
2023년 8월 18일 미국 캠프 데이비드에서 열린
한미일 정상회의 결과에 대해
부정적 평가를 쏟아내고 있는
한국의 제1야당인 더불어민주당의 태도가
외교·안보 이슈에 대해선 초당적으로 협력하는
미국일본 야당인 공화당과 입헌민주당과는
대조를 이룬다는 지적이 나오고 있다

이재명 민주당 대표는 최고위원회에서
"윤석열 대통령은 미국 대통령에게
'동해는 일본해가 아니다'라고 강력하게
문제제기를 했어야 마땅하다"며
"윤석열 정부의 무능으로 오직 국익이 우선이라는
외교의 제1원칙이 무너졌다"고 비판했다
또 일본의 후쿠시마 원전 오염처리수 방류 관련
논의가 없었던 점도 비난하며
"방류를 강행하는 일본 정부를 규탄한다"고 했다
박광온 원내대표는 이번 정상회의 의제였던
'한미일 3각 안보체제' 자체에 대한 의구심을 드러냈다

그는 "우리나라가 미국과 일본의 하위 파트너가 될 수 있다는 점을 국민들이 우려하고 있다"고 말했다 한미일 군사협력 강화가 남북 관계의 긴장 수준을 높일 수 있다고도 했다

한미일 협력 새 시대

"한미일 협력의 새 시대가 열렸다"
윤석열 대통령은 8월 21일 용산청사에서 주재한
을지 국무회의에서 한미일 3국 정상의
캠프 데이비드 회의 결과를 이같이 평가했다
윤 대통령 조바이든 미국 대통령
기시다 후미오 일본 총리가
18일 미국 캠프 데이비드에서 만나
3국회의 협력 수준을 높이기로 합의했는데
윤 대통령이 이를 3국 관계의
역사적 전환점으로 평가한 것이다
전날 새벽 귀국한 윤 대통령은 회의에서
"그동안 한미일 대화는 지속 기반이 취약했고
협력 의제도 제한적이었지만
이번 캠프 데이비드 정상회의는
3국이 포괄적 협력 체계를 제도화하고
공고히 했다"고 말했다
그러면서 "한반도 역내 공조에 머물렀던 한미일 협력은
인도·태평양 지역 전반의 자유·평화번영을 구축하는데
기여하는 범지역 협력체로 진화할 것"으로 전망했다

중국 고속성장 막내려

덩샤오핑(鄧小平) 이후 고속성장 막내려…
투자·소비·수출 '3두 마차' 멈췄다
중국 경제의 3대 동력으로 손꼽히는
투자·소비·수출이 모두 부진의 늪에 빠져
전 세계가 인플레이션으로 골머리를 앓고 있지만
소비 부진과 부동산 위기가 겹친 중국 경제는
디플레이션 공포로 신음하고 있다
오랜 기간 세계 경제의 성장 엔진 역할을 해온
중국에 세계 경제의 발목을 잡는
위기의 진원지가 될 수 있다는 우려가 나오고 있다

이균용 대법원장 후보

윤석열 대통령은 8월 22일 김명수 대법원장 후임자로
이균용(61) 서울고등법원 부장판사를
새 대법원장 후보자로 지명했다
양승태 전 대법원장 이후 6년 만에
보수 대법원장 시대가 다시 열린다
부산 중앙고와 서울대 법대를 나왔고
할 말은 하는 스타일로 유명하다
2021년 대전고등법원장 취임사에서
김명수 대법원을 향해
"사법에 대한 신뢰가 나락으로 떨어지고
법원이 조롱거리로 전락하는 등
재판의 권위와 신뢰가 무너져내려
뿌리부터 흔들리는 참담한 상황"이라고 직격했다
그해 10월 국정감사에서는
이재명 민주당 대표 공직선거법 위반 사건 상고심에서
무죄 의견을 내고 이후 화천대유 고문으로 취업해
거액의 고문료를 받은 권순일 전 대법관 건과 관련해
"당혹스럽기 이를 데 없다"고 비판했다

한국경제인협회 출범

재계 단체의 맏형격인 전국경제인연합회(전경련)가
55년 만에 한국경제인협회(한경련)로 간판을 바꿔달고
새 회장을 선임해 쇄신의 첫발을 내디뎠다
박근혜 정부 국정농단 사태로 탈퇴했던
4대 그룹(삼성·SK·현대차·LG)도 복귀했다
전경련은 8월 22일 임시총회에서
기관명을 한국경제인협회로 바꿨다
신임회장으로 취임한 류진 풍산 회장은
"국내외 다른 경제단체나 경제연구원과
협력·아웃소싱(위탁)을 통해 좋은 보고서를
기업에 제공하는 싱크탱크가 되겠다
또 일본·미국 등과의 교류를 활용해
글로벌 네트워크가 필요한 소규모 회원사들과
다른 나라를 매칭하는 역할을 하겠다"고 했다

이상동기 범죄

낯 설은 단어가 생겼다
'묻지마 범죄'를 '이상동기 범죄'라고 하는 것 같다
한덕수 국무총리가 최근 잇따르는
묻지마 범죄(이상동기 범죄)와 관련해
"범죄예방 역량을 대폭 강화하기 위해
의무경찰제(의경) 재도입을 적극 검토하겠다"고
8월 23일 밝혔다
담화문 발표에 이상민 행정안전부 장관
한동훈 법무부 장관 조규홍 보건복지부 장관
윤희근 경찰청장이 배석했다
1982년 제도가 도입돼 25,000명에 달한 때도 있었지만
저출산에 따른 병역 감소로
2017년 단계적으로 폐지하기로 결정하고
올해 5월 마지막 기수가 전역하면서 완전히 사라졌지만
폐지된 지 3개월 만에 재도입하겠다는 것이다

대법 정상화 예고

"최근 무너진 사법 신뢰와 재판의 권위를 회복해
자유와 권리에 봉사하고 국민의 기대에 부응할 수 있는
바람직한 법원이 무엇인지 끊임없이 성찰하겠습니다"
이균용 대법원장 후보가 8월 23일
서울 서초구 대법원 청사 앞에서
기자들에게 한 이야기다
후보자 지명 후 첫 공개석상에서
그것도 김명수 대법원장을 예방하기 직전에 한
발언이라는 점에서 '사법개혁' 의지와
소신을 분명히 했다는 해석이 나왔다
윤석열 대통령의 이균용 후보자 지명은
법조계 안팎에서 사법 권력 교체의
신호탄으로 받아들여지고 있다

김정은의 무리수

우리 속담에 "뱁새가 황새를 따라가면
가랑이가 찢어진다"는 말이 있다
2023년 5월 군사정찰위성 발사에 실패한 북한이
85일 만에 재시도한 2차 위성발사에서도 실패했다
북한은 8월 24일 발사한
우주발사체가 실패했다고 밝히면서
국가우주개발국은 오는 10월
제3차 정찰위성 발사를 단행할 것이라고 전했다
이날 발사는 지난 8월 18일
한미일 캠프 데이비드 정상회의 이후 북한의 첫 도발이다
당시 3국은 "공동의 도전·도발·위협에
3국이 신속히 협의한다"는 내용의
'3자협의에 대한 공약'을 채택했다

일본 오염수 방류

일본 도쿄전력이 8월 24일 후쿠시마(福島)
제1원자력발전소 오염수의 해양 방류를 시작했다
2011년 3월 11일 동일본대지진으로
후쿠시마원전 사고가 발생한지 12년 5개월여 만이다
방류 오염수는 4~5년 후
한반도 인근 해역에 유입될 것으로 예상되며
오염수를 완전히 방류하는 데는 최소 30년이 소요돼
오염수 문제는 한일간 장기현안이 될 전망이다

프리고진 사망

러시아에서 무장반란을 일으켰던
민간군사기업 바그너 그룹의 수장
예브게니 푸리고진이 반란 2개월 만인
8월 23일 비행기 추락사고로 사망했다
러시아 당국은 사고 원인조사를 시작했다고 밝혔으나
비행기 추락을 '단순사고'로 보는 시각은 거의 없다
전문가들은 자신에게 반기를 든 정적들을 제거해온
푸틴 러시아대통령이 프리고진
암살을 명령했을 것이란 분석이다

뉴스도 다양하다
죽음은 모든문제 해결… 스탈린 모방
수장 잃은 바그너그룹… 해체?
러시아 정부가 장악?
푸틴 눈 밖에 나면 사라진다… 스트롱맨의 법칙
독극물 홍차·병원서 추락… 푸틴 정적 잔혹사
모스크바 도심서 괴한 총에 사망도…
바이든 미국 대통령… 놀랍지 않다

죽음은 모든 문제 해결

위 기사 중 눈길을 끄는 말이 있다
'죽음은 모든 문제 해결… 스탈린 모방'
이라는 기사가 마음에 와닿는다
왜 그럴까?
나도 모르겠다
황혼기에 이혼소송으로 3년여를 다툰
나는 오늘(8월 25일) 대법원 민원실엘 갔다
지금까지 그 앞을 지나다니면서
우람차게 보였지만 나와는 상관없는
건물이라 생각했었다
그러나 오늘 우람찬 석조건물엘 갔었다

사건: 2023므12645 이혼 등 청구의 소
납부일짜: 2023. 5. 24.
위 사건에 관하여 아래와 같은 환급사유
및 환급액이 있음을 확인합니다
납부금액: 2,994,300원
환급사유: 심리불속행기각
환급금액: 1,497,150원
법원사무관: 권태형
석조건물 2층 계단을 오르면서 만감이 교차했다

왜 내가 이혼을 당해야 했나?
남이 부러워할 정도로 잘도 살았는데…
왜? 배신을 당해야 했는가?

1심 가정법원 - 기각
2심 고등법원 - 이혼성립
3심 대법원은 - 심리불속행기각
우리는 법의 보호를 받고 있는가?
유린당하고 있는가?
사회에 고발하고 싶은 생각에 돌계단을
내려오면서 가슴이 떨렸다
집에 돌아와 2020년 11월에 이혼소장을 접수하고 띄운
내용증명을 들춰보고 있다

내용증명원(3)

수신: 임용원
세 번째 쓰는 글입니다

여보! 내가 세상을 헛살았나 봅니다. 어떻게 이런 일이 벌어지는지 모르겠습니다.

우리는 선경이 남편 김승태가 미국 공인회계사 자격을 취득하고 2001년 시애틀에서 사무실을 개업할 때 얼마나 기뻐했습니까?

회계학을 전공한 것도 아닌 사람이 선경이의 권유로 전공을 바꿨다니 얼마나 고마운 일이었습니까?

나와 같은 '회계사'의 길을 간다는 것. 형채도 하지 못한 일을 김 서방이 해냈다고 기뻐하던 우리가 아닙니까? 우리 동창생들도 부러워했습니다.

다음 해에는 집까지 장만했지요. 당신과 나는 미국으로 가서 축하해주었습니다. 그다음 해 두 번째 미국 방문 때 내가 맹장이 터져 고생하던 일을 잊을 수가 없습니다. 내가 책에도 섰지요.

마음의 빚

시애틀 두 번째 방문인
2004년 12월 30일 새벽 3시에 복통이 왔다
급한 나머지 김 서방은 종합병원으로 나를 싣고
달려 응급실 앞에 도착했을 때 통증이 멎었다
신장결석을 경험한 나는 자가진단을 했다
마음의 여유가 생겨 작은 병원으로 가자고 해
차를 돌려 집으로 돌아왔다
아침식사를 하고 간 한국인 병원에서 맹장이란
진단결과가 나왔다
수술은 큰 병원으로 가라고 해
종합병원에서 초음파검사 혈액검사 MRI검사 후
복막염이란 진단을 받고 수술실에 들어간 것은
12월 31일 새벽 1시경이었다
두 시간이면 된다던 수술이 4시간 가까이 걸리자
수술실 밖에서 기다리던 집사람은 초조했다
딸 내외와 친구들까지…

2005년 1월 4일 퇴원하는 날이다
우람한 체격의 흑인 간호사가 휠체어를 가자고 와
타라고 해 걸어갈 수 있다고 하자 김 서방이
눈짓으로 타라고 해 올라앉았다

치료비 청구도 집에 가서 기다리고
수술 전에 서약서와 착수금을 지불하지도 않았다
복도에 나오며 손을 흔들어 인사하는 사람들을
뒤로하고 현관문까지 밀고 나온 간호사는
차에 태워주고 돌아갔다
이게 미국식 퇴원절차라고 했다

2005년 1월 20일 치료비청구서가 우송되었다
51,000달러 우리 돈으로 5,500만 원이다
의외의 고액 치료비였다
한국에서 맹장수술비는 220만 원이라 했다
병원에 근무하면서 미국 공인회계사 자격을 취득한
김서방은 이의신청서를 작성했다
이의신청서에 대한 결정은
기각, 25%감면, 50%감면, 전액감면 등 4가지였다
2월 5일 결정통보가 배달되었다
고령인데다가 방문객이었고
지병이 아닌 응급환자라는 감면요건이 충족되어
전액 감면되었다
이렇게 고마울 수가 없었다
병원을 찾아가 고맙다는 인사를 해야지
그러나 미국의 의료시스템이 결정한 것이므로
누구를 찾아가 인사할 사안이 아니라고 했다
귀국하는 날

아이들을 학교에 등교시켜주고
차를 몰아 병원으로 갔다
이른 아침 현관 앞은 조용하였다
운전석에 앉은 채 고개 숙여 감사를 표하였다
퇴원 후 몸조리하라고 친구들까지 동원해 좋은
음식과 곰쓸개를 통째로 구해온 김 서방의
정성도 마음의 빚으로 남아있다

이것 말고도 '천둥오리' 등 여러 편의 글을 읽으면서 나의 마음은 착잡했습니다.

지금 왜 이 지경에까지 오게 되었는가? 당신 생각납니까?

중앙대학교 영어교육학과 동창생이던 선경·김승태. 2학년 때인가 김승태가 미국으로 이민을 갔지요? 그때 김승태의 부친은 브라질로 이민가 계셨고, 모친과 미국으로 이민갔다가 모친은 다시 귀국하고 김승태 하나만 외롭게 남아 알바를 하면서 살았다고 했지요.

안성캠퍼스 기숙사 생활을 같이하며 김승태를 사귀게 된 선경이 '견우와 직녀'처럼 그리워하며 전화통화 하는 것조차 차단하려고 한 당신이었죠? 미국의 김승태가 콜렉트콜 즉 수신자부담으로 전화를 걸어오면 전화료는 우리가 부담하는 것이 두려웠던 당신. 평소 전화료가 1,2만 원이던 것이 10만 원, 30만 원, 50만 원까지 올라가며 당신이 선경이를 나무라곤 했지만, 나는 그 애들이 안쓰러워

말 한마디 못 하고 1년여를 그렇게 지냈습니다.

김승태가 미국군에 입대해 한국 파견근무를 하면서 우여곡절 끝에 결혼을 승낙하고

정환이를 미8군용산병원에서 출산했지요? 그때 처제 임유자와 함께 병원에 가면서

운전하고 간 나를 그냥 집으로 돌아가라고 한 것 기억 납니까? 나 무척 섭섭했지만 내색하지 않고 살았습니다. 가정의 평화가 우선이었으니까요. 이런 과정을 거치면서 우리는 35년의 역사가 흘렀습니다.

이 역사를 하루아침에 지워버릴 수는 없습니다. 더군다나 비극적으로… 마음의 빚을 진 김서방에게 어떻게 하라고… 나는 절대로 이렇게 허망하게 끝낼 수 없습니다.

나는 지금까지 '거짓말 안 하고 양심에 꺼리는 일 않고, 내가 맡은 일에 최선을 다하는 그런 인생'을 강조하면서 '정의로움'을 생활신조로 살아온 사람입니다.
아이들한테도 그렇게 가르치고 있습니다.

그러면서 경제적이든 정신적이든 베풀 수 있는 한 최대한으로 노력하라고 교육하고 있습니다. 나는 집안과 친구들 그리고 지인들을 상대로 30여 명 이상 직장을 알선해주면서 살아왔습니다.

당신하고 살면서 처제 임유자의 3남매도 관심을 갖고 큰아들을 사우디 건설현장에,

성남여고에 다니던 혜영이를 서울 동덕여고로 전학시켰고, 병일이의 입술 봉합수술도 해주었습니다. 처남 김영안

이도 무역회사에 취직시켜 주었고, 내가 차를 바꾸면서 헌 차를 처남에게 주고 어머님으로부터 "네 동생도 차가 없는데"하고 꾸지람도 호되게 들었습니다.

 1988년인가 장모님 상을 당해 복상하러 갔다가 "임가네가 왜 여기 있어!"하고 당신과 함께 쫓겨났던 사람입니다. 우리는 그 길로 강원도 오대산으로 가서 비애를 달래며 장례식이 끝나고 돌아왔습니다. 2년 후 장인 김달진 씨 상을 당하고도 또 쫓겨날까봐 근처도 못 갔지요? 이렇듯 바쁘게 산 우리가 아닙니까?

 미운 정 고운 정 다 들었는데 이제 와서 이혼이라니요? 대가리가 쪼개져도 그렇게는 못합니다. 가볍게 듣지 마세요.

2020년 11월 18일 김제방

하소연?

하소연할 곳도 없다
이웃도 친구들도 모른다
중매한 친구라도 있으면 되겠는데
무엇이 급했는지 벌써 떠났다
20여 년 전에…

제 2 장
개판이 된 재판

인생항로

인생항로(人生航路)!
국어사전에는 사람이 한평생 여러 가지
어려움을 겪으며 살아가는 일을 험한
뱃길에 견주어 이르는 말이라고 했다
참으로 여러 가지다
나의 인생도 예외가 아니어서
49세 중년 상처(喪妻)부터 그랬다

김형 중매 한번 설계

"호랑이 가죽은 탐이 나는데
호랑이를 생각하면 무섭단 말이야…"
"무슨 말이 그래?"
"나에게 중매가 들어왔는데 자신이 없어요"
"배 사장이 그렇다면 나라고 별수 있겠나?"
"그러지 말고 한번 만나 봐요"
나는 상처(喪妻)를 했지만
배 사장은 이혼(離婚)을 한 처지였다

배 사장은 1972년 상호금고법이 제정되면서
300여 개의 회사가 생겨날 때 회계감사를
담당하면서 알게 된 사이로 10년 지기였다
상대방의 전 남편은 모 TV방송국 창립자였는데
지방방송국 사장을 역임하는 등 실력자로 근무하다가
1980년 5공 때 언론인 700명 숙정 때 밀려나
홧병으로 사망한 것 같다고 했다
그 부인은 "연예인들 풍에 어울려
사치한 생활을 한 사람이라 감당이 안 되겠어요"
김형이 경험삼아 한번 만나보는 것도
나쁘지는 않을 것입니다

떠밀려 나간 데이트

나는 한사코 사양했지만
벌써 김형 이야기를 해놨는데
나를 봐서라도 한번 나가 달라고
간청해서 내키지 않는 발걸음을 했다
첫인상이 들던 대로다
광나루 버드나무집으로 원두막 같이 떨어져 있는
별당식 식당이었다
단둘이 식사를 하고 무슨 말을 할까 궁리하다가
내가 거절하기보단
상대방이 거절하게 만들자 하는 생각으로
여자들이 싫어하는 이야기를 늘어놓았다
이만하면 거절하겠지 하고 헤어졌다

그러나

그러나
다다음날 전화가 걸려왔다
이상하다?
욕을 하려고 그러는가?
막상 만나보니 염려와는 달리 친숙하게
대하는 모습이 분명했다
그 후 몇 번 더 만났지만
외동딸과 단출하게 살다가 대식구 속에 들어가
어떻게 감당하려고 그러느냐
그만한 돈이면 두 식구가 평생을 먹고 살아도 되는 데
왜 고생을 사서 하려고 그러느냐 등
주변에 반대가 심했다고 한다
나 역시 그토록 사치한 생활을 하던 사람이
어머니와 4남매 대식구 속에 들어와
잘 어울릴 수 있을까 하는 우려로 고심하고 있었다
그러나 우리는 우여곡절 끝에 결합했다

첫 에세이집 발간

1985년 6월 충현교회 목사 주례로 결혼식을 올렸고
그로부터 35년간 부부가 의기투합(意氣投合)해서
5남매를 잘 키우며 열심히 살았다
아내는 자기에게 부족한 것을 모두 채워줘
행복하다면서도 한편 어렵게 사는 여동생을 생각하며
"내가 이렇게 행복해도 되는지 모르겠다"며
안타까운 모습을 보이곤 했다

나는 빈자리를 메워주는 아내가 고마웠고
궁합(宮合)이 잘 맞는 부부였다
하는 일도 순조롭게 풀리면서
의욕적인 삶이 시작되었다
아내에게서 그런 마력(魔力)이 있는 것 같았다
부부관계는 말하지 않는 게 좋다
잘못 이해하면 추문이 될 수 있기 때문이다
특히 방사(房事)가 그렇다
아내는 예능에 소질이 있어 노래 잘하고
춤 잘 추고 친화력이 있었다
집안과 동창생들 사이에 인기도 있었고
공인회계사 사회에도 1987년 63빌딩 국제회의실
망년회에서 무대에 올라 가곡을 열창해

박수를 받은 일 등…
공인회계사 업무로 바빴지만
글을 쓰겠다는 용기가 생긴 것도 이 무렵이었다
그때만 해도 원고지에 글을 쓰는 게 보통이었다
감사조서 용지에다가 해외출장을 다니면서
메모 형식으로 쓴 원고가 꽤 모여 있었다
"이거 책으로 내면 어떨까?"
아내에게 물었다
"그거 좋지요 막내 제부 최 교수에게 보여요"
원고를 받아본 최 교수가
해볼 만하다고 해서 시작한 것이
1989년 『인간적인 것이 그립다』란 첫 에세이집이다
후일 그 동서가 명문대 대학원장과
한국시인협회 회장을 역임했고 부부가 교수였다
그 딸도 교수로 재직중이다

아내의 동생

장모님이 임(林)씨 집안으로 출가해
아내와 여동생을 낳고 독신이 됐다
재혼하면서 아내 임용원은 친정 주(朱)씨 집안에 맡기고
여동생 임유자(유복자)는 데리고
김(金)씨 집안으로 재가를 하였다
교장 선생님 교육자 집안에 들어가
딸 3자매를 낳고 막내로 아들을 낳았다
김씨 성의 4남매는 모두 대학을 나와
대학교수 3명 고교교사 2명 목사 1명을 배출하는 등
모두 여유롭게 살고 있는데
유독 임유자만이 어렵게 살고 있었다
아내는 늘 그를 걱정하였다
임유자는 일찍 결혼해 3남매를 낳고 40여 년 전
그러니까 우리가 재혼하기 전에 이혼하고
다섯 식구가 뿔뿔이 헤어져 살고 있었다

아내는 모 TV방송국 설립자로 사회적으로
출세한 10여년 연상의 남편과 결혼했지만
부부지정을 모르고 살았다고 했다
그분은 중학교 때 치질 치료를 위해 버드나무
찜질을 과하게 하다가 성불구가 되었다고…

어떤 연유로 이런 결혼을 했는지는 몰라도
결혼 즉시 양딸로 양육한 김선경은 우리집에
들어와 대학을 졸업하고 1989년 결혼해서
미국으로 건너가 살았다
김선경은 남편에게 공인회계사가 되라는 충고를
했고 미국 공인회계사 자격을 취득한 사위
김 서방은 2001년 시애틀에서 공인회계사
사무실을 운영하며 여유로운 생활을 했다

아내의 지참금

사람들이 싱글벙글 웃는 모습을 보면
"어디 돈 많은 과부라도 생겼어?"라고 농담을 한다
내가 그 소릴 듣게 될 줄은 몰랐지만
그러나 나와는 관계없는 소리였다
돈 보고 결혼한 것도 아니고 여유는 없지만
지참금에 관심을 보일만큼
그런 사정은 아니었기 때문이다
특히 아내가 청춘과 바꾼 돈이라 생각하면
가슴 아픈 일이었기 때문에 그랬는지도 모른다
아내도 지참금 관리에 대해선 엄격했고
나는 그러는 아내를 보호해주고 싶었다
우리가 살면서 돈 때문에 다툰 일도 없이
그렇게 양립(兩立)하면서
원만한 부부생활을 할 수 있었다

2020년 코로나19 재앙

2020년 코로나19로 불편을 겪고 있을 때
임유자의 남편이 3월경 사망했다
40여 년 전에 이혼해 만나본 일은 없지만
법률상으로는 부부였고
2개월 후인 5월에는 임유자의 외동딸이
50세 미혼으로 사망하는 불행이 겹쳤다
그 딸은 생전에 생명보험 5개를 가입해 놔
어머니에게 큰 효도를 하고 갔다고 들었다

딸 김선경에게도 어려움이 있었다
2019년 12월 시어머니가 돌아가시고
2020년 5월에는 시아버지가 돌아가셨다
김선경은 미국에서 드나들며
5,6년 간 시부모 병간호를 위해
부천시에 오피스텔을 임시거소로 사용하고 있었다
아내는 이들이 한꺼번에 닥친 흉사에 가슴 아파하면서
2020년 7월 27일 동생과
함께 여생을 보내겠다고 집을 나갔다

나는 평소에 애잔하게 생각하던 동생과
함께 살겠다고 하는 아내의 심정 즉

'지참금을 동생한테 가서 쓰겠다'는 평소의
그 심정을 이해하고 있었기 때문에
나는 쉽게 그의 요구를 들어줄 수 있었다
아내가 달라고 한 사실은 없지만
이사비용으로 2,000만 원과 그동안 매월 주던
용돈도 송금하겠다고 약속했고 35년간 애용하던
현대백화점 배우자카드도 소지하고 나갔다
나는 아내와 같이 살면서 35년간 남부럽지 않게
빈자리를 채워준 고마운 마음이 있었기에
쉽게 동의한 면도 없지 않았다
아내도 나가면서 "그동안 행복했습니다 감사합니다"
깍듯한 인사도 하고 나갔다

그런데 이사하던 날 문제가 생겼다
동생 임유자와 조카 민병일이 이삿짐을 실어놓고
무슨 생각에서인지 임유자 임대아파트로 가지 않고
김선경의 임시거소인 경기도 부천시 오피스텔로 갔다
딸 선경에게 이사 간다는 사실조차 알리지 않았던
아내의 꿈은 이날 산산조각이 났다

김선경은 그 나름대로 1년 사이에 시부모가 돌아가시고
미국에 살면서 5,6년간 병간호를 위해 서울에 왔다가
폐암 수술을 하고 최근에는 눈 수술을 하는 등
역경을 이겨냈다

이제 부모의 유산을 정리하다가 생각지도 않은
엄마의 이삿짐을 받고 당황했을 것이다
이게 불행의 시작이었다

재판이 아니라 개판이다

나에게는 청천벽력과 같은 일이 생겼다
아내는 2020년 11월에 위자료 5,000만 원
자산분할 10억 원 이혼소송을 제기해 왔다
그러나 아내는 서울가정법원 조사관 앞에서
"집을 나오면서 이혼할 생각은 하지 않았고
위자료 5천만 원과 자산분할 10억 원도
나는 요구한 일이 없습니다
모르는 일입니다"라고 진술한 바 있다
결국 2022년 7월 19일 서울가정법원(판사 김현정)은
기각판결을 내렸다

그런데 고등법원에 상소하면서
이번에는 이혼하지 않는 조건으로
유산상속지분의 5분의 1에 해당하는 3억 원을 요구했다
나는 집에 들어와 같이 사는 게 최선의 방법이겠지만
굳이 안 들어오겠다면 일시불로 1억 원을 지불하고
매월 생활비로 70만 원을 송금하겠다고 제의했다
고등법원(판사 김시철)에서는
합의를 도출하는 것으로 알고 있었다
그런데 의외로 2023년 4월 20일에
이혼판결을 하면서
재산분할 818,000,000원을 선고했다

이는 재판이 아니라 개판이라는 생각으로
참을 수가 없는 이유다

2023년 5월 24일 대법원에 상고했다
대법원에서는 8월 18일
심리불속행기각 판결을 선고하면서
기납부한 인지세 50%에 해당하는
1,497,150원 환급통지서를 발부했다
이렇듯 나이 90에 황당한 일을 겪으면서
어디에다 대고 하소연이라도 할 수 있을까
깊은 고민에 빠져들어 가고 있다

윤석열 대통령은 8월 22일 김명수 대법원장
후임자로 이균용(61) 서울고등법원
부장판사를 새 대법원장 후보로 지명했다
그는 2021년 대전고등법원장 취임사에서
김명수 대법원을 향해
"사법에 대한 신뢰가 나락으로 떨어지고
법원이 조롱거리로 전락하는 등
재판의 권위와 신뢰가 무너져 내려 뿌리부터 흔들리는
참담한 상황"이라고 직격한 일이 있다고 한다
나는 이런 말에 위안을 받고 물러서야 하는지…
아니면 어떤 방식으로든 사회에 고발해야 하는지…
정신이 혼미해지고 있다

등잔 밑이 어둡다

속담에 등잔 밑이 어둡다고 했는데
넓은 세상을 탐하다가
5,000년 방대한 역사를 바라보다가
등잔 밑을 보지 못하고 살아온 아둔함과
아이들 보기가
한없이 부끄러워지고 있다

법조계의 먹잇감

근래에 황혼이혼이 증가추세라고 들었다
법조계는 싱글벙글하는 분위기를 느꼈다
없던 일이 생겼고
늙은이들 다루기도 어렵지 않고…
굴러들어온 떡이라…
법조망의 분위기는 짜고 치는 고스톱 같았다
세 사람이 앉아서 서로 눈 찡긋해가면서
즐기는 모습들을 볼 수가 있었다
한번은 이기고 한번은 져주는 여유와 이기면
성공보수라고 해서 2배 이상을…
성공금액의 10%를 더 받는 보수체계는
법조계에만 존재하는 갑질이다
이를 거부·항의할 수 있는 안전장치도 없다
1,2심 감정평가사의 개입도 공식적이고
대법원 승소율은 0%라는 소문을 들었다
듣던 대로 심리불속행기각 판결이 나왔다
재판을 안 한다면 대법원의 존재이유가 무엇인가?
약자보호라는 명분 아래 법원의 상징인
자유·평등·정의 균형저울은 어디에 팽개치고
국민의 권리를 이렇듯 짓밟아도 된다면
국민은 누구를 믿고 살아야 하나?

쉬운 일이 없다

2007년 4월의 일이다
집안 종친회에서 종중임야 50여만 평에
골프장 임대사업을 추진하면서
나에게 자문을 요청해와
추진위원들과 이천시에 있는 상대 회사를 방문했다
자본잠식에다가 골프장 건설비로 1,200억 원을 상정하고
연임대료 5억 원을 제의해 놓고 있었다

나는 타종친회 감사를 해본 경험이 있어
종친회 일은 어려운 일이라 생각하는
사람 중에 한 사람이다
그래서 자문 제의를 받아놓고 고민했다
잘못하다가는 혈투가 벌어질 수 있다는
생각을 하면서 고민을 하였다
그러나 어려서 고향을 떠나와
종친회 일에 관여하지 못한 나로서는
이번이 봉사하는 기회가 될 수 있다는 생각이 들었다

이왕이면 적극적으로 자문에 응하리라
생각하고 골프전문가를 찾아갔다
골프장을 30여 개 건설한 건설회사 사장이

나의 고등학교 동창이었다
현장답사를 하자는 그 친구의 제의를 받고
포천으로 내려가 종친회 회장의 안내로 현장을 둘러봤다
친구의 말은 위치가 아주 좋아 건설비가
600억이면 되겠다고 했다
얼핏 생각이 떠올랐다

"저쪽에서 책정한 건설비가 1,200억 원에
연임대료 5억이라 했으니 그렇다면
임대료 10억을 받을 수 있겠네"하고 물었다
"가능하지!"
그러면서 골프장을 자기가 했으면 좋겠다며
저쪽에서 요구하는 종친 임야토지 당보제공도
자기는 필요 없다고 했다
아주 좋은 조건이었다

다시 물었다
"10억원 이상도 받을 수 있을까?"
"더 이상은 안 돼"
"그렇다면 우리 8억부터 이야기를 시작하자"
이렇게 해서 추진위원회에 8억을 제시했다
그러나 냉담한 반응이 나왔다
자기들이 선정한 회사에게 밀겠다는 것이다

재입찰을 실시했다
입찰 결과 상대방 회사는 연임대료 8억 원을
친구 회사는 10억을 제시하고
나의 임무는 여기까지라 생각하고
결정과정을 지켜보지 않고 상경하였다
'역사서 집필'을 위해 더 관여할 수도 없었다
그러나 추진위원들은 주도권을 빼앗긴다는
생각이 강했던 것 같았다
발표를 늦춰가면서 8억 회사로 낙찰이 됐다
당연히 임시총회의 부결감이었다

반대편에는 골프장 임대사업 자체를
반대하는 종친들이 많아
아예 골프장을 안 하기로 결의하고 말았다
그러나 종친회를 위해 유익한 골프장 사업은
필요하다고 생각하는 나였다
섯불리 개입했다가 사업자체를 못하다니
가책을 느끼고 300여 세대 종친 1,000여 명을 상대로
수십 차례 서신을 띄워 여론을 돌려놓는 데 성공했다

제1신: 종친 제위 귀하(2007년 7월 29일)

종친 여러분 안녕하십니까?

안산김씨 직장공파 촌로공자손의 내력을 살펴보는 것도 의미 있는 일이라 생각됩니다. 안산김씨의 시조 김긍필(金肯弼)의 아드님 김은부(金殷傅) 할아버지는 고려 제8대왕 현종(顯宗·992-1031)의 장인입니다. 김은부 할아버지가 공주절도사로 있을 때인 1011년 거란의 침입으로 왕이 공주에 피난하자 극진한 대접을 한 것이 계기가 되어 따님 셋을 모두 왕비로 바쳤습니다.

원성왕후 - 덕종과 경종의 모후

원혜왕후 - 문종의 모후

원평왕후 - 효경공주의 모후가 되어 50년간 안산김씨 세도정치의 시대가 열린 일이 있습니다. 한국 역사상 첫 번째의 외척세도정치인 셈입니다. 고려가 망하고 조선이 창업된 후의 12세손인 김정경(金定卿) 할아버지를 중시조라 합니다.

이는 조선왕조 초기에 족보가 생겨나기 시작했기 때문일 것입니다.

김정경 할아버지는 1400년 제2차 왕자의 난을 평정한 공으로 좌명공신 4등으로 연성군(燕城君)에 봉해졌습니다. 광주(하남시)에 있는 연성군 할아버지 묘가 그것입니다. 연성군의 넷째 아드님 김개(金漑)의 다섯째 아드님이신 직장공 김맹일이 포천파로 분류되고, 제14세손 촌로공 김성대(村老公 金聲大) 할아버지의 자손을 우리는 안산김씨 직장공파 촌로공자손이라고 합니다.

제(濟)자 항렬이 30세손입니다.

포천시 이동면 연곡리에 있는 동음사가 촌로공 할아버지의 사당으로 포천시에서 제향하고 있는데 72세에 사마시에 급제하고 74세에 돌아가신 만학도입니다.

그래서 조선 제19대 숙종(肅宗 · 1674-1720)으로부터 촌로공이라는 시호가 내려진 것 같습니다. 할아버지가 돌아가신 지 302년이 되는 2007년 현재 300호 정도의 1천 명 남짓한 후손들이 살고 있는데 안산김씨의 전국인구는 15,000명 정도라고 합니다. 이 할아버지가 남긴 자산 중 가장 규모가 큰 것이 연곡리 산 142-1번지 임야 약 50만평입니다.

여기에다가 대중골프장 27개 홀을 건설하는 회사에 임대하여 연 10억 원의 임대료를 받을 수 있는 여건을 만들어 주었습니다만 종친회의 인심이 너무 후덕해서인지 8억원을 주겠다는 사업자를 선정하여 물의를 일으켰던 것입니다.

이 안건이 지난 6월 24일 총회에서 부결되었습니다만 지난 실수를 교훈 삼아 우리는 모든 의견을 수렴하고 화합하여 다시 추진함으로써 종친회 발전을 기약해야 할 것입니다. 힘을 합해주시기 바라면서 건강하시고 가정의 행복이 가득하시기 기원합니다.

제2신: 종친 제위 귀하 (2007년 8월 8일)

　우리나라 5,000년을 이어온 가난과 무기력에 종지부를 찍은 지도자를 만난 것은 국가적 행운이었습니다. 이보다 더 값진 것은 '우리도 하면 된다'는 긍정적 정신을 실천해 보인 교훈일 것입니다. 그러나 우리나라에서는 글과 좋은 소리를 하는 지도자에게는 존경을 표하지만, 나라의 각박한 현실을 타개하기 위하여 흙탕물에 뛰어드는 실천적 지도자는 옷에 흙을 묻혔다 하여 지나치게 깎아내리는 경향이 있습니다.

　유모어 중에 이런 이야기가 있습니다.

　독일사람 중 세계적인 코미디언이 없고

　미국인 중에는 세계적인 철학자가 없으며

　한국 사람 중에는 세계적인 지도자가 없다고 하였습니다

　우리나라에는 정몽주·성삼문·김구 등 실패한 지도자가 존경을 받고 있을 뿐 성공한 지도자는 존경받지 못하는 풍토가 형성되어 있습니다. 국민정서가 그러니 어느 집단의 지도자가 존경 받기란 쉬운 일이 아닙니다.

　그러나 욕을 먹더라도 집단을 이끄는 구심세력이 있어야 합니다.

　구심세력이 없는 집단은 지리멸렬할 수밖에 없을 것입니다. 그런 경향이 분명한 곳이 종친회라 할 수 있을 것입니다.

종친회의 자산은 임자 없는 자산이란 말이 있습니다.

군침을 삼키는 사람들이 안팎에 도사리고 있다는 말도 되겠습니다.

이래서는 종친회가 발전할 수 없을 것입니다. 또한 종친회 자산을 미끼로 소리(小利)를 취한 사람이 잘되었다는 말을 들어본 일이 없습니다.

종친회의 일은 백년대계라는 말이 어울릴 것입니다. 100년을 내다보는 원대한 계획이 세워져야 한다는 말입니다. 눈앞에 이익을 쫓다가 100년 후의 일을 그르친다면 그 일은 그만두어야 합니다.

1,000명 안팎의 촌로공 자손들을 위한 교육진흥자금을 마련하고 종친 간의 친목을 도모하는 원대한 계획에 모두가 동참할 수 있다면 우리 종친회는 중흥을 이룰 수 있는 좋은 기회가 눈앞에 있습니다.

조상들이 물려준 연곡리 산 142-1 임야 약 50만 평에 27개 홀의 대중골프장(회원제가 아님)을 건설하는 사업에 임대하여 매년 10억 원의 임대료를 받을 수 있는 여건이 마련되어 있습니다. 그러나 절차상의 문제로 6월 24일 총회에서 43대 21로 부결되었습니다. 이런 좋은 기회를 놓쳐서는 아니 될 것입니다.

긍정적인 재검토가 있어야 할 줄 압니다. 종친회가 윤택하려면 인재의 양성이 필요합니다. 인재의 양성은 교육을 통해서 이뤄지는 것이며 우리나라의 교육열은 세계가 인정하고 있지만 안타깝게도 우리 종친회는 그에 미치지

못하고 있는 게 현실입니다. 종친회의 번영과 후손들의
삶의 질을 높이기 위해서는 배워야 합니다.
  배우지 못하면 낙오될 수밖에 없습니다. 이점 유념하시
고 좋은 의견 부탁합니다.

이와 같은 서신을 2007년 10월 19일까지
28회에 걸쳐 주고받으며 성사되었지만
그 과정에서 욕을 바가지로 먹었다
"고향에 관심이 없던 사람이 먹을 게 있으니
그러는게 아니냐?" 등
평소에 들어보지 못한 모욕성 비난이었다

여론을 환기시켜 놓고 나는 더 이상 개입하지
않기로 결심하고 『한국중고대사』, 『조선왕조사』
『한국근현대사』 등 12권 6,500여 페이지
분량의 역사책을 10여 년에 걸쳐 완간했다

이 기간 동안 추진위원회에서도 우여곡절 끝에
사업자 선정을 끝냈으나 문제가 또 발생했다
골프장 임대사업을 시작할 때부터 문제가 됐던
종친회소유 토지 담보제공 문제였다
라싸가 담보제공 불가로 계약해 놓고
담보를 요청해오자 반대파들이 다시 들고 일어났다
"계약 해지하라!"
"골프장 임대사업 철회하라!"

비상대책회의

어느 날 낯선 전화가 걸려왔다
다급한 목소리로 "우리 만날 수 있을까요?
다름이 아니라 종친회가 추진하는 골프장
임대사업 문제로 종친회가 열리는데
참석하셔야 되겠어요 땅을 그냥 날리게 생겼어요!"
알고 보니 한 번도 만나본 일이 없는
종친으로 대부(大父)벌 되는 젊은이였다
"그 문제라면 참석할 수 없습니다
10여 년 전에 간여했다가 문제가 생겨
나는 참여를 안 하고 있습니다
그리고 지금 집필(執筆)하는 것도 있고 해서
시간 내기도 어렵구요"
"그러면 아무 소리 말고 참석만 해주세요
모든 일은 우리가 다 알아서 하겠습니다"
간청에 못 이겨 총회에 참석했다

왈가왈부 끝에 비상대책위원회를 구성해서
문제를 해결하기로 의결하였다
며칠 후 비상대책위원회가 찬성파 5인과
반대파 5인으로 구성되었다
나는 반대파에 속했다

대책위원장 선임이 문제가 되었다
얼떨결에 대책위원장을 떠맡게 된 나는
당황하고 있었다
그런데 고등학교 친구가 전화를 걸어왔다
"라싸 양 사장을 만나주지 그래?"
"그 사람은 어떻게 알아?"
"골프업계 빤하지 않아? 양 사장 부탁이야"
서울 압구정동 그의 사무실에서 만났다
젊은 사람이었다
이런저런 이야기를 끝내고 "우리 김 장관이
그러는데 양 사장은 경기고를 나왔고
삼성그룹에 근무한 실력파라고 자랑하던데"
하면서 말을 걸었다
"네 경기고등학교를 나왔습니다"
"그래요? 우리 아들도 경기고를 나왔는데…"
"저는 1988년 졸업입니다"
"우리 아이도 88년이야요 그럼 알겠네"
이름을 대니 안다고 했다
집에 와서 아들의 졸업앨범을 들춰보았다
동창생이었다
종친회 골프장 사업에
부자(父子)의 동창생이 개입되는 묘한 인연이다

협의타결

협의를 시작한 지 9개월 만에 타결됐다
담보자산의 가격만큼 보증금을 증액하는 조건이었다
9개월 동안 듣고만 있던 반대파는 의외로
동업(同業)을 조건으로 주장하다가
회의 도중 퇴장하고 말았다
나머지 6명이 찬성해 총회에 안건으로 회부해
2016년 3월 29일 종친회 총회가 열렸다
119구급차가 출동하는 등 험악한 분위기
속에서 투표가 시작되었다
다수의 종친들은 귀가하고 나머지 적극성을 띤
종친들의 투표 결과 88대 79로 간신히 통과되었다
간담이 서늘했다
이번에 들려오는 소리가
"아들의 친구니까 봐주었다"는 것이다
종친회 일은 이래서 어렵다는 것이다

코로나19가 도와줬다

종친회 골프장 임대사업은
2007년에 시작해 골프장이 건설되고
2020년 5월에 개장할 때까지
무려 13년이란 긴 세월이 걸렸다
공사 도중 민원이 빗발치는 등
우여곡절 끝에 이룬 사업이었다
그러나 코로나19 확산으로 해외여행 길이 막히면서
골퍼들이 몰려와 축하라도 해 주듯
많은 도움을 받게 되었다
라싸는 물론 종친들 홍복(洪福)이라
감사하고 또 감사하는 마음으로 살아가고 있다
그 과정에서 이혼소송이 제기되어 나의
황혼기는 이래저래 증발되고 말았다

만납시다

재판은 끝났다
이제 할 일은 수습이다
재판과정에서 이혼을 부정했던 아내는
모두 사위가 한 일이다
나는 모른다
재판 3년여를 기피하던 당신
이제는 나오세요
감금됐다면 탈출하세요
만나서 얼굴이라도 봅시다
수습은 해야지요

밤말은 쥐가 듣고

재판과정에서 김선경이
엄마 친딸이 아니라는 사실이 알려지면서
사위 김 서방이 소동을 벌였다고 했다
결혼 30여 년 만에…
양녀·친딸·전남편의 딸로 변신하면서다
우리 속담에
"밤말은 쥐가 듣고
낮말은 새가 듣는다"고 했는데…
어찌 이런 일이?

우리는 너무 늙었다

우리 부부는 중년에 배우자를 잃었다는
아픔을 안고 살아왔다
불행을 안고 사는 사람들로
서로 배려하는 것은 기본이라 생각되었다
우리가 제일 먼저 시작한 것이 골프였다
퇴근해 집에 돌아오면 아내는
팔·다리·어깨·허리가 쑤신다고
엄살(?)이 대단했다
주물러주면서 생각한 게 골프였다
골프를 시작하면
갈비뼈에 금이 갈 정도로 몸살을 앓아야 한다
아내에게 권했다
청담동 도산공원 옆에 대형 골프연습장이 생길 때였다
등록을 하고 몇일 후 아내는 엄살이 너무 심했지만
집에서 일을 해서 아프다는 말은 쏙 들어갔다
엄살이 희석되는 효과가 있었다
아내는 골프연습장 앞에 현대건설 임원들의
고급주택촌이 있어 그 부인들과 어울리며
세상 돌아가는 이야기로 견문을 넓혔다

1987년 방배동으로 이사왔다

상문고등학교 옆 부지의 골프연습장이다
여기에서는 프로골퍼들과 알게 되면서
더욱 흥미를 느끼는 것 같았다
허리 디스크에는 수영이 좋다고 해서
마침 새로 생긴 현대헬스클럽에 가입하고
30여 년 간 수영으로 몸을 단련시켰다
우면산 자락에 예술의전당 안에
국립국악원이 개원하자 등록하였다
판소리 · 장고 · 북 · 춤 나중에는
경기민요 · 서도창에 이르기까지 아내는 끼를 발산했다

우리는 여행도 즐겼다
국내 여행은 동 · 서 · 남해 주요 항구는 물론
세계여행으로 범위를 넓히면서
딸 선경이 사는 미국에는 11회 다녀왔다
나도 3회 동행했었다
그런데 이번 이혼소송에서 아내는 이 모든
비용을 자기가 조달했다고 주장하면서
용돈 한 푼 못 받고 구박만 받았다고 했다
사람이 어떻게 저렇게 변할 수 있을까?
이를 연구 대상으로 하기에는 너무 늦었다
90 · 88세 늙은이들의 행색치고는
너무나 초라해 부끄러울 뿐이다

아내의 사고방식

1985년 울산 현대중공업을 감사할 때
우리 회계사들이 현대백화점 카드를 발급받았는데
현대백화점이 그 무렵에 개점되었다
이번에 소송을 하면서 현대백화점에서
확인할 게 있어서 방문했다가 보았는데
1985년 12월 15일 발급받았다
나는 배우자카드를 아내에게 발급해주고
백화점 거래는 주로 아내가 했다
옷·생필품·화장품 등을 자주 거래했지만
35년 동안 내 물건은 사 온 일이 없다

최근에 딸 김선경과 셋이서 점심을 먹었다
"당신은 백화점을 거래하면서
내 것은 한 번도 사온 일이 없다
결제는 내가 하는 데…"하고 물었다
아내 왈 "내 것 사기도 눈치 보이는데 당신 것을…?"
이 말을 듣고 있던 선경은
"엄마 왜그랬어…"하고 웃고 말았다

꼬리 무는 의문

아내가 동생을 생각하는 마음은 각별했다
어머니 주씨의 소생은 6남매지만
임씨 성은 동생 임유자와 단둘이었다
나머지 4남매는 김씨 성이었고
여유있는 생활들을 하고 있었지만
유독 임유자 만이 어렵게 살고 있어
그를 불쌍히 여겼다
나이는 5살 아래지만
마치 딸처럼 끼고 살았다고 해도 과언이 아니다
아내는 지참금을 늘려 동생과 함께 살아야 하지
이런 생각을 늘 하고 있었다
가던 날이 장날이라고 하필이면
50먹은 미혼의 조카딸이 2개월 전에 사망하고
임유자는 딸이 들어놓은
생명보험 5개의 수혜자로 부자가 되어
흥분하고 있을 때였다
아내가 동생의 집으로 가려다가
평소 생각지도 않았던 딸 김선경의 집도 아닌
임시거소로 간 이유가 무엇일까?
임유자와 조카 민병일이 짐을 실어놓고
마음이 변한 이유는 또 무엇일까?

내용증명원(4)

수신: 김선경

우리가 이렇게 될 줄은 꿈에도 몰랐구나.

내가 언젠가 미국 너에게 전화해서 "살살 좀 해라! 네 동생들이 들어갈 자리를 비워주어야지 너 혼자 독차지하면…"했다가 엄마한테 혼난 일은 있지만 얼굴 붉힐 일은 거의 없었는데 말이다.

엄마가 너의 이모 임유자에 대한 애정이 각별했던 건 내 잘 알고 있지. 그걸 알았기 때문에 늘 조심을 했고, 엄마가 최근에 받은 스트레스가 너무 커서 염려한 것도 사실이다. 너는 미국에서 살았고 너의 시부모님은 서울에서 사시면서 10여 년간 몸이 불편하시어 너는 간병차 서울에 왔다가 폐암검사를 받고 수술하는 과정에서 엄마는 엄청난 충격을 받았지. 그러면서도 잘도 버틴다 했는데 금년 들어 많은 일이 한꺼번에 벌어져 그것도 1년 사이에…

2019년 12월에 네 시어머니가 돌아가시고 2020년 들어 네 이모부(임유자의 남편: 40년 전 이혼 별거하고 법적이혼은 안 함)가 세상을 뜬 데 이어 시집도 안 간 혜영이가 죽고, 5월 11일에는 네 시아버님이 돌아가시면서 엄마는 정신을 가눌 수 없을 정도로 정신적 혼란상태에 빠지셨다.

옆에서 지켜보면서 나도 힘들었다.

나는 가슴만 태우고 있는데 7월 25일 엄마가 느닷없이 "나 동생네 집으로 가기로 했어요"라고 하면서 27일 동생·병일·영안이 내외가 이삿짐을 실러 온다고 했다. 나는 깜짝 놀랄 수밖에… 그러나 곰곰이 생각해 봤지.

이럴 때는 엄마가 원하는 대로 해주는 것이 정신건강에도 좋은 것 같아 우선 2,000만 원을 주고 매달 30만 원을 송금해주기로 약속을 했고, 그 후 4개월분을 송금했다. 그리고 30여년 간 사용하던 현대백화점 배우자카드도 지참하도록 했다.

엄마가 짐 싣고 가는 날 나보고 밖에 나가 일보라고 해서 가락동 너의 외삼촌 주치과에 가서 임프란트 치료를 하고 오후에 집에 돌아오니 문제가 생겼던군.

짐을 싣고 이모집으로 가려 하는데 김 서방이 주장해 너희 집으로 갔다는 것이었다. 나는 "그럴 수도 있다"고 안심하고 있었지.

그러면서 멍청하게 너희들의 전화만을 기다리고 있었다.

내가 너희들 전화번호를 알아놓지 못한 게 잘못이긴 하지만 나는 그저 기다릴 수밖에 없었다

그런데 11월 12일 자로 서울가정법원으로부터 이혼청구소송 통지서를 받게 되었다. 우리 이건 아니지! 나는 지금 깊은 고민에 빠졌다.

엄마는 나갈 때 "그동안 행복했다. 고맙다"고 했는데 왜 생각이 바뀌었는지 모르겠고, 매년 6월이면 내는 현대헬

스클럽 수영장 연회 90만 원도 납부했고, 5월 10일 최단아 결혼식에도 같이 가자고 해서 가족사진까지 강권받아 같이 찍어주었는데 어찌 된 영문인지 몰라 어리둥절하구나.

엄마는 늘 동생 임유자가 불쌍하다고 하는 것을 봐 왔기에 늘그막에 동생과 함께 살아보겠다는 그 소망을 거절하지 못한 게 일이 이렇게 꼬일 줄은 몰랐다.

이를 어떻게 하면 좋을지 난감하구나.

너의 소견을 듣고 싶어 글을 보내니 곧 답장을 바란다.

나는 답답할 때 글 쓰는 게 약이 되었다. 정신수양에도 좋고… 오늘도 출판사에 들러 40번째 저서 『전두환 오판시대』 교정을 끝내고 집에 왔다. 방안이 썰렁하기만 하구나.

2020년 11월 20일

엎질러진 물이로다

이제 재판도 끝났다
수습을 해야 하는데 아내는 안 만나겠단다
그러던 차에 사위 김승태의 전화가 왔다
"정환이 아빱니다"
"네?"
"정환이 아빱니다"
"혹시 전화 잘못하신 거 아닙니까?"
되묻다가 얼듯 생각에 김 서방이구나 하고
"오래간만일세"
"그렇게 됐습니다"
사람이 이렇게도 변하는구나!

이혼소송을 그가 주도해서 진행하는 것을
처음부터 알고 있었지만 젊은 사람이고
또 미국 가서 맹장 수술할 때 고마움도 있고 해서
크게 마음 쓰지 않았지만
속내를 알고 보면 그도 파란만장한 사람이다
자기 입으로 늘
"나는 부모에게 버림받은 사람입니다"
"장인어른이 자녀들을 보살피시는 걸 보면
존경스럽다"고까지 하던 사람이다

이런저런 연유로 재판 중에는 일체
그 사람 이야기를 삼가고 있었다
아내가 가정법원 조사관 앞에서
"집을 나올 때 이혼할 생각은 하지 않았다"
"위자료 5,000만 원과 자산분할 10억 원도
나는 모른다"고 했다
이때부터 김승태의 짓이라는 사실을 알지만
모른 척하고 있었던 것이다

재판이 끝나자 나타나 전화를 걸어왔다
그는 미국시민이자 미국 공인회계사다
이번 재판과정에서 김선경이 친딸이 아니고
양녀라는 사실이 알려지면서
크게 소동을 벌였다는 말도 들은 터다
얼마나 실망했을까?
그런 생각이 들 정도로 평탄치가 않았던 사람이다
아버지가 1953년 반공포로로 석방되어
어머니와 결혼했지만 곧바로 브라질로 이민을 가고
김승태는 어머니와 서울에서 살다가
대학교 2학년 때 미국으로 이민했고
어머니는 다시 한국으로 돌아왔다
혼자서 미국에서 살다가 미군에 입대해
서울용산 미8군에서 군대생활을 하면서
선경이와 어렵게 결혼을 했다

제대 후 미국으로 돌아가서 선경이의 권유로
공인회계사 시험에 합격하게 된다
2001년 시애틀에 사무실을 개업하고
어렵게 생활터전을 마련한 이들에게 또다시
시련이 닥치고 있었다

서울에 사는 부모가 병석에 눕게 되자
병간호를 위해 서울을 오가며
사무실 운영마저도 부실해지고 있었다
그러나 부모로부터 질책을 받아야 했다
"너 내 땅이 탐나서 그러지?
너같은 놈 필요 없으니 오지말라"고 할 정도로
부모와의 사이가 험악했다고 전해들었다
아들은 막연하게 '부모님은 땅 부자'라는
소문을 믿고 희망을 품었지만
이것마저 물거품이 되고 말았다
이와 같은 분위기 속에서 마련된 것이
임시거소인 부천 중동 트리플타워 C동이었다
지금 아내는 이 오피스텔에 거주하고 있다

부모님이 돌아가시고 유산을 정리하고 보니
그 땅 모두가 쓸모없는 맹지(盲地)였다
아내도 "그 애들은 땅 재벌이 된다"고
말하곤 할 정도였지만 실망하고 있을 때

장모가 이삿짐을 싸가지고 이모네 집으로 가고 있었다
그러나 그 이삿짐은 평소에 생각지도 않은
딸 선경의 임시거소로 옮겨가고 말았다
우연이라고 하기에는 믿어지지 않는다
비운의 사람들로 구성된 가족관계가 이렇듯
아내의 가출로부터 시작되었다
이제 재판도 끝나고
내가 풀어야 할 숙제로 다가오고 있다

제 3 장
고립무원의 늙은이

나라가 거덜나기 직전

윤석열 대통령은 8월 28일 2년 연속
국민의힘 의원 연찬회에 참석해
"우리가 지난 대선 때 힘을 합쳐서
국정운영권을 가져오지 않았다면
이 나라가 어떻게 됐겠나 하는
정말 아찔한 생각이 많이 든다"고 말했다
윤 대통령은 지난해 정권교체 과정을 설명하면서
문재인 정부를 정면으로 겨냥했다
"나라가 거덜나기 일보 직전이었다"고 하면서다

홍범도 장군 동상

육군사관학교 내 홍범도 장군 흉상의
철거·이전을 둘러싼 군당국의 역사적 인식이
논란을 키우고 있다
학계와 여론의 공감대를 얻지 못한 채
'공산당'활동 경력만을 침소봉대하고 있는 데다
학계에서도 결론 내리지 못한 '의혹'을
확정적 입장으로 제시한 점도 문제로 지적된다
국방부는 홍 장군 흉상을 철거·이전해야 하는 이유로
'자유시 참변과 연관되어 있다는 의혹'과
'봉오동과 청산리전투에 빨치산으로 참가했다는 의혹'
'소련공산당 가입 및 활동 이력 논란' 등을 들고 있다

시진핑 리스크

수렁에 빠져드는 중국 경제 회복의 가장 큰 걸림돌은
시진핑 국가주석이라는 분석이 나온다
공동부유(共同富裕 · 같이 잘살자)와
사회주의 이데올로기에 집착해
실용주의에서 벗어난 경제정책과
강한 반(反) 서방 의식으로
경제 활력을 떨어뜨린다는 것이다
시진핑 체제의 경직성이 중국 최대 장점인
'실용주의 탄력성'을 앗아가고 있다면서
과거 성장을 위해 "쥐만 잡는다면 검은 고양이든
흰고양이든 상관없다(黑猫白猫)"던
중국 지도부의 사고방식이
이제는 "무조건 빨간 고양이(赤猫)"식으로
경직됐다는 것이다

이균용 후보 - 민판연

윤석열 대통령이 이균용 후보자(61)를
차기 대법원장으로 지명하자
이 후보자가 회원으로 있는
'민사판례연구회(민판연)'가 주목받고 있다
민판연에는 현직 법관법학과 교수뿐 아니라
김엔장 법률사무소 변호사 23명 등
다수의 전관 변호사들이
회원으로 가입해 있는 것으로 파악됐다
법조계 일각에서는
"민판연이 진짜 카르텔"이라는 말도 나온다
이 후보자가 법관 독립과
재판의 공정성을 확보할 수 있겠느냐는 것이다

군 뿌리 바꾸려 했다

최근 정부가 육군사관학교와 국방부 청사에 있는
홍범도 장군 흉상 이전을 추진하는 것은
문재인 정부가 남북 관계를 고려해
한미동맹에 뿌리를 둔 국군의 정체성을 바꾸려 했던
상황을 바로잡기 위한 조치라고
복수의 여권 관계자가 8월 30일 밝혔다
한 관계자는 "전 정부에서 북한군 창설 주역이자
김일성 포상을 받은 김원봉이 이끈 항일운동을
국군의 뿌리로 만들기 위해 서훈을 시도하다
반대 여론에 실패하자 홍범도 장군을
일종의 '대체재'로 내세운 정황이 확인됐다"며
"김원봉·홍범도 장군을 부각한 목적은
한미동맹에 근간을 둔
우리 군의 역사를 부정하는 것"이라고 말했다

이재명의 무기한단식

더불어민주당 이재명 대표가 8월 31일
국회 본관 앞에 설치한 천막에서 단식투쟁을 시작했다
당대표 취임 1주년 기자회견을 열고
"무기한 단식에 돌입한다"고 밝혔다
9월 정기국회 개회를 하루 앞두고
"무능 폭력 정권을 향해
국민항쟁을 시작하겠다"고 선언한 것
윤석열 정권의 폭정을 명분으로 내세웠지만
국민의힘은 물론 당내에서도 검찰 추가 출석과
체포동의안 표결 등 사법리스크를 회피하기 위한
'방탄단식'이란 비판이 나왔다
국민의힘은 "제1야당 대표가 정기국회를 하루 앞두고
되지도 않는 핑계로 단식에 나서는
무책임한 발상을 하니 국민들
억장이 무너진다"고 비판했다

간토대학살 100년

오늘이 2023년 9월 1일이다
100년 전 일본의 수도 간토지방에서
끔찍한 대살육극이 펼쳐진 날이다
1923년 9월 1일 일본을 강타한 간토 대지진을 계기로
도쿄와 수도권에 거주하던 조선인
수천 명이 군·경찰·자경단에게 학살당했다
대지진 혼란 속에 '조선인이 우물에 독을 탄다'
'조선인이 폭동을 일으켰다'는 유언비어에 현혹되어
일본인들이 살인귀로 돌변했다
일본정부가 유언비어를 퍼뜨리며 선동했고
군경을 동원 학살에 가담했다
일본군이 수십 명의 조선인을 세워놓고
기관총으로 쏴 죽였다는 증언이 이를 뒷받침한다
이국땅에서 힘겹게 생계를 잇던 조선인들은
광기에 찬 일본인들이 휘두른 죽창과 몽둥이에
임신부와 어린이마저 처참하게 죽어갔다

총선 비호감도 60%

9월 1일 정기국회가 개회하면서
정국의 본격적인 막이 올랐다
내년 4월 10일 치러질 제22대 총선이
7개월 앞으로 다가오자
정치권의 발걸음도 한층 빨라지고 있다
여야 지도부도 총선의 계절을 맞아
민생 정책 개발과 새로운 인재 영입에
뛰어들 채비를 갖추면서
치열한 한판 승부를 예고하고 있으나
판세는 예측 불허다
10월 10일 현재 정당 지지도는 여당인 국민의힘 33%
더불어민주당 36%지만
여야의 비호감도는 60%라고 한다

공산세력이 반일선동

윤석열 대통령이 9월 1일
"아직도 공산 전체주의 세력과 기회주의 추종 세력
그리고 반국가세력은 반일감정을 선동하고
캠프 데이비드에서 도출된 한미일 협력체계가
대한민국과 국민을 위험에 빠뜨릴 것처럼
호도하고 있다"고 밝혔다
일본 후쿠시마 원전 오염수 방류에 대한 대응과
홍범도 장군 흉상 이전 논란 등 과정에서
공세 수위를 높이는 야당을 겨냥해
높게 비판한 것으로 보인다
윤 대통령은 서초구 양재동 국립외교원에서 열린
외교원 60주년 기념식 모두발언에서
"지금 우리의 자유는 끊임없이 위협받고 있다"며
이같이 말했다
윤 대통령은 "외교 노선의 모호성은 가치와
철학 부재를 뜻한다"며
"상대에게 예측 가능성을 주지 못하는 외교는
신뢰도 국익도 결코 얻지 못할 것"이라고 했다

영역 넓히는 뉴라이트

육군사관학교가 소련공산당 활동 이력을 문제 삼아
독립영웅 홍범도 장군 흉상을 철거하기로 결정하면서
윤석열 정부의 뉴라이트 역사관이
현실로 구현되고 있다는 평가가 나온다
자유민주주의를 내세워
사회주의 계열 독립운동을 폄하하고
건국의 아버지 이승만 대통령을 부각시키고
친일 전력이 있는 백선엽 장군을 재평가하는 것은
뉴라이트 역사관과 일맥상통한다
윤 대통령이 쏘아 올린 뉴라이트 역사 전쟁에서
육사·국방부·보훈부가 선봉에 섰다
윤석열 정부의 뉴라이트 역사 전쟁은
홍장군 흉상 이전에 그치지 않을 것으로 예상된다
향후 건국절·교과서·헌법 논쟁까지 번질
가능성이 크다고 했다

북 급변사태 가능성 커

북한 내 아사자 발생 건수는 올해 240건
최근 5년간 매년 같은 기간 평균보다 2.2배 증가했다
강력범죄가 급증하고 테러 가능성까지 대두되는
현 상황을 휴전선 건너
윗동네 얘기만으로 볼 것은 아니라고 한다
북한 내 급변사태 가능성과도 직결되기 때문이다
정보 소식통은 "폐쇄적인 체제일수록 점진적 붕괴보다
급변사태로 한순간에 무너질 가능성이 커진다"고 했다
고위층을 겨냥한 테러 등은
이 급변사태를 촉발시킬 확률 높은 트리거라고도 했다
인민군 부소대장 출신
탈북민 안찬일 세계 북한연구센터 이사장은
최근 한 세미나에서
"북한 급변사태는 예고돼 있다
2, 3년 안에 닥쳐올 수도 있다"고 했다
북한 급변사태에 대응할 계획을 정부는 갖고 있다
시뮬레이션을 보고
매년 이 계획을 업데이트도 한다는 것이다

내용증명원

수신: 김승태

미안하네. 이런 글을 쓰게 되어.

우리가 이런 사이는 아니었는데 어쩌다가 이 지경에 왔는지 모르겠네.

자네 언제까지 이럴 텐가? 장모를 인질로 잡고 이혼소송을 주도한 자네를 잘 알고 있네. 이제 인질에서 풀어주고 미국으로 돌아가기를 바라는 마음으로 이 글을 쓰네.

자네 장모가 서울가정법원 조사관 앞에서 분명히 말했네. "집을 나갈 때 이혼할 생각이 없었고, 위자료 5,000만 원과 자산분할 10억 원도 나는 요구한 일이 없습니다. 나는 모르는 일입니다."

그 이후 자네는 장모를 감금해놓고 고등법원·대법원까지 일을 확대했지만, 그러나 나는 지금까지 모른 척하고 있었네만, 이제는 아닐세.

나는 자네 장모와 함께 35년 간 유감없이 행복하게 살아왔다고 자부할 수 있네. 우리 부부는 궁합도 잘 맞는 부부였지. 그런데 자네가 끼어들어 우리의 행복을 파괴했다는 말일세! 부부 갈등에는 자식도 함부로 끼어들지 못한다는 말이 있네. 그런데 자네가 뭐라고 주제넘게 끼어들어?

나의 행복은 내가 찾아와야겠다는 생각이 뚜렷한 만큼 나는 무엇이든 할 수 있다는 각오가 돼 있네. 지금까지 살 만큼 살았고 이제 두려울 것도 없네. 내 가정을 지키겠다는 일념뿐일세.

황혼기에 이게 무슨 몰골인가?

자네 입장을 바꿔 놓고 생각해 보게! 자네는 나만큼 살려면 30년은 더 살아야지. 그리고 정환이와 정현이도 생각해야지? 장모를 인질로 잡고 뒷구멍에 숨어서 협박이나 할 그럴 때가 아니지 않는가? 지금이라도 늦지 않았으니 미국으로 돌아가게!

내가 지금 집필하고 있는 책이 있다는 걸 말하겠네.

『법조계 악성 카르텔』이란 책인데 나는 지금 자네와 싸울 겨를이 없어.

법조계의 썩은 행태를 사회에 고발하는 계기를 엿보고 있는데 혹여 자네 여기 있다가 무슨 화를 당할 지 그게 염려되어 그러는 것이니 미국으로 돌아가 공인회계사 본연의 일에 충실하기 바라네.

내 자네의 집에 갔다가 맹장염 수술할 때 자네의 은공도 잊지 않고 있다네.

내 그 일을 고맙게 생각하기 때문에 지금까지 참아주었지만, 자네의 협박성 전화에 더 이상 인내하기가 어려워지는 지경에 이르고 있네.

내 나이 90일세. 자네한테 협박이나 당할 처지인가? 지금 나는 내 몸 하나 지탱하기도 기력이 부족한 늙은이야. 그런데 자네는 수시로 전화해서 협박을 하고 있어! 내 부탁하네. 뒷구멍에 숨어서 그러지 말고 당당하게 나와서 이야기 하던가….

내가 왜 이러는지 이유를 말할까?

자네 장모는 서울가정법원 조사관 앞에서 "나는 집을 나올 때 이혼할 생각은 하지 않았고 소장에 기록된 위자료 5,000만 원과 자산분할 10억 원도 요구한 사실이 없습니다. 나는 모릅니다"라고 진술한 바 있고, 1심 판결은 기각이 되었네.

자네는 고등법원에 상고해서는 이혼하지 않는 조건으로 3억 원을 요구하지 않았나?

나는 1억 원 일시지급에 매월 생활비 70만 원을 제시했지. 고등법원에선 합의를 도출하는 것으로 알고 있었는데, 엉뚱하게도 이혼과 자산분할 818,000,000원을 선고하였고, 대법원에서는 '심리불속행기각' 판결을 내렸네.

약자보호(弱者保護)라는 편견으로 재판을 이렇게 마음대로 해도 된다는 말인가?

이게 재판인가? 개판이지! 내가 분노하게 된 이유일세.

『법조계 악성 카르텔』이란 책이 완성되는 대로 사회에 공표하고, 나는 이를 사회에 고발하기 위해 법조계와 싸울 준비를 하고 있네. 나의 마지막 인생을 걸고 하는 싸움이 될 걸세. 이게 잘 되면 사회개혁이 아니겠는가?

이 싸움이 어떻게 시작될지는 나도 모르는 일이네만, 자네가 옆에서 계속 협박을 가해온다면 빠를 수도 있을 것이라고 생각하네.

그리고 자네는 지금 '헛물'을 켜고 있다고 하는 사실을 알아야 하네.

자네는 미국 시민이자 미국 공인회계사가 아닌가? 부탁하네.

나는 지금 자네 같은 사람은 안중에도 없고, 두려울 것도 없는 사람이야! 여기 있다가 유탄(流彈)에 맞지 말고 돌아가게! 자식 같으니 하는 말일세. 명심하기 바라네.

마음씨 곱고 유약한 자네의 아내, 선경이를 생각해서라도 자네가 한발 물러서는 게 좋을 듯 싶네. 부탁하네.

2023년 9월 4일

김 제 방

검은 상복의 교사들

서울 서초구 서이초등학교에서
극단적인 선택을 한 교사의 49재인 9월 4일
전국의 교사들이 대규모 파업을 단행했다
전국교직원노동조합 등
일부 교원단체가 주도했던 것을 제외하고
교사들이 자발적으로 연가나 병가를 내고
출근하지 않은 것은 공교육 역사상 처음이다
국회 앞에 모인 교사들은
"다시는 어떤 교사도 홀로 죽지 않을 것"이라고 외쳤다
'공교육 멈춤의 날'로 불린 4일 오전부터
서이초 추모 공간에는 검은 옷을 입은
교사·추모객들이 전국에서 모여들어 길게 줄을 섰다
헌화를 위해 1시간을 넘게 기다려야 할 정도였다
손에는 하얀 국화·카네이션이 들려있었다
한 초교 교사는 "월급을 올려달라고
연가 병가를 낸 것이 아니다
학생과 학부모가 난동을 피워도 교사는
아무것도 할 수 없는 지경"이라며
"이제 이것 외에 다른 방법이 없다"고 말했다

이날 오후 서울 영등포 국회 앞 도로에서 여의도공원까지

검은 옷차림의 교사·시민들의 검은 물결이 뒤덮었다
서울만 4만 명 추산 등
전국에서 최대 10만 명이 집회에 참석했다
이날의 '멈춤'은 서이초 교사 사건 이후
교사들의 분노가 증폭되고 있다는 의미라고
교육계는 분석하고 있다
교육부가 교권 보호 종합대책을 내놓기는 했지만
8월 31일 이후 4일 동안에
교사 4명이 극단적 선택을 하면서
교권 침해의 심각성은 더 커지고 있다

김정은 체제 불안정

윤석열 대통령이 "북한이 최근 들어 김정은 집권 이후
최악의 경제 상황에 처한 것으로 평가되고 있다"며
"북한이 핵 개발을 중단하지 않는 한
체제 불안정은 계속 심화할 것"이라고 지적했다
중국을 겨냥해서는 "북한 비핵화를 위해
건설적인 노력을 해야 한다"고 촉구했다
윤 대통령은 9월 5~11일
동남아시아국연합(ASEAN) 정상회의·G20 정상회의
참석을 위한 인도네시아·인도 순방을 앞두고
4일 공개된 AP통신 서면 인터뷰에서
"북한 주민의 민생고는 더 심화하고
경제는 마이너스 성장을 지속하고 있다"며 이같이 말했다
윤 대통령은 "중국은 북한에 대해
상당한 영향력을 보유한 것으로 보인다"며
북한경제의 높은 대중의존도를 거론하면서
"북한 핵 개발이 역내 질서의 불안을 가중하는 등
중국의 국익 측면에서도 결코 바람직하지 않은
결과를 초래하고 있다"고 강조했다

미국판 새만금잼버리

미국 네바다주에서 열린 세계적인
반문화 페스티벌 '버닝맨' 축제현장이
폭우가 쏟아져 수만 명이 고립됐다
8월 27일부터 9월 4일까지 네바다주의
블랙록 사막에서 '버닝맨' 축제가 열리고 있는 가운데
기습적으로 폭우가 내리면서
축제현장이 아수라장으로변했다
7만 명이 넘는 사람들이 고립됐고
행사 도중 1명의 사망자까지 발생했다
버닝맨 축제 역시
2023년 새만금잼버리 행사와 마찬가지로
더럽고 부족한 화장실로 비판을 받고 있다
참가자들은 진흙과 먼지
'역겨운 화장실'에 갇혔다고 주장했다
버닝맨은 히피들이 만든 반문화의 상징으로 1986년부터
매년 예술·자기표현 등을 주제로 열리고 있다

내 나이 90세

재판에 진 90 늙은이가 무슨 할 말이 있을까마는
아내의 또 다른 압박은 파양(罷養)이다
사는 동안 합의에 의해서 한 입양이었다
이제 이혼했으니 파양하겠다는 것이다
그건 당신과 아이들의 문제지
내가 간섭할 문제는 아니다라고 해도
나에게 압박을 가해오고 있다
자진해서 파양신청을 하라!
아니면 소송하겠다는 것이다
나는 이혼소송을 주도한 그 사위에게
내용증명을 띄우려고
9월 4일 자로 쓴 USB를
대학생 손녀에게 출력하라 부탁했다
내용을 읽어본 손녀는 '이게 아니다'라고 생각했는지
애비에게 보였다
"이게 아니지요 아버지!"하면서
밤새도록 대필 편지를 써서
다음 날 아침에 나에 보여주고 출근했다

아들의 대필 편지

여보 당신에게

여보 고생 많아요, 나도 미안합니다. 상황이 어쩌다가 여기까지 왔는지 모르겠소. 나는 당신이 나한테 한 얘기가 진심이었다고 아직까지 믿고 있소. 비록 힘든 법정 다툼의 시간을 보냈지만, 내 마음속엔 당신과 내가 40여 년을 열심히 살아왔던 기억이 선명하게 남아 있소. 그동안 당신도 마음고생 많이 했을 거라 생각하오.

나는 당신이 없는 것도 힘들지만, 내 기억 속에 있는 당신의 말과 행동과 상반되게 흘러가는 법정 다툼을 보면서, 어떻게 해야 할지 결정도 못 하고 있었소.

그냥 변호사의 도움을 받으면 이전처럼 돌아갈 것이라 굳게 믿으면서.

이제 최종 판결이 나왔어요.

당신이 법정에서 주장한 것이 받아들여져 법이 당신의 손을 들어주었소. 법적 다툼이 있을 때야 다른 의견을 주고받게 되어 얼굴 보는 것을 자제할 수밖에 없지만, 이제는 당신이 원하는 대로 되었으니 그간 쌓였던 감정을 풀어봅시다. 당신이 판결을 집행해서 우리를 길바닥으로 내치려고 하는 건 아니지 않소. 내 상황을 가장 잘 아는 당신과 만나서 얘기를 해야 답이 나오지 않겠소.

법적으로 당신은 원하는 바를 이뤘소. 당신과 내가 얼마나 살지는 모르겠지만, 40여 년 간의 부부의 정을 기억하고 이를 하느님 곁에 가서라도 계속 이어갑시다.
　여보 만납시다. 그리고 얘기합시다. 당신도 좋고 나도 죽지 않을 방법을 찾아 봅시다.

2023년 9월 4일
김 제 방

속달 등기우편

나는 너무 시달려 심신이 피곤하다
시력도 그렇고 청력도 예전 같지 않다
판단력도 흐려지고 있다
지금까지 글을 쓰면서 고민을 해결하고자 했으나
이제 한계에 온것 같다
화나는 대로 하고 싶은 생각이 앞섰지만
아들의 생각을 받아들이기로 하고
9월 4일 아침에 써준 대필 편지를 들고
우체국에 들러 속달로 부치고 돌아왔다
돌아오면서 생각했다
내가 그동안 못된 짓이라도 했는가?
황혼기에 이게 무슨 벌이란 말인가…

고립무원의 늙은이

약국을 운영하는 작은딸의 전화다
"아버지 내용증명 띄우려 했다면서요?
아버지는 패배자야요!
법적으로 아버지를 도울 사람은
아무도 없어요
엄마한테 그저 비는 수밖에 없어요
방법이 없어요
내용증명 띄워서 어떻게 하시려구요"
여기도 그렇고 저기도 그렇다
고립무원(孤立無援)의 90 늙은이가
갈 곳은 어디인가…

윤 대통령 인도네시아 도착

윤 대통령은 부인 김건희 여사와 함께
9월 5일 아세안 정상회의가 열리는
인도네시아 자카르타에 도착해
현지 동포들과 만났다
윤 대통령은 "인도네시아는 세계 4위 인구 대국이자
한・아세안 연대 구상의 핵심파트너"라며
"동포 여러분이 한국과 인도네시아의
미래를 잇는 든든한 가교가 돼 달라"고 당부했다
6일부터는 한-아세안・아세안+3・동아시아 정상회의에
참석하고 인도네시아・말레이시아・싱가포르 정상과
양자회담을 한다
7일 한・인도네시아 비즈니스 라운드 테이블에는
정의선・구광모・신동빈・구자은 회장 등
주요 대기업 총수들도 자리한다
이어 8일 인도 뉴델리로 이동해
G20 정상회의에 참석한다

법조계의 카르텔

전관예우는 주로 법조계에서 대두됐다
1960년대 가난한 법관이 변호사 개업할 때
이들을 배려한 것으로 시작됐고
점차 관행으로 자리 잡았다
1990년대 이후 부정의 규모가 커지면서
관련자들이 유죄 판결을 받는 사건이 일어나기 시작했다
법조계에서 시작된 전관예우는
다른 행정 분야로 퍼져나갔고
이제 전관예우는 법조와 감독 분야만의 문제가 아니고
모든 공공기관 분야의 문제가 되고 있다
더 이상 '예우'로 표현되는 은밀하고
용인할 만한 거래가 아니라
카르텔(Cartel)로 표현되는 노골적이고
반경제적인 담합이 돼 버렸다
시장경쟁력을 보호하기 위해 척결해야
할 대상이 된 것이다

2억7,700만의 인도네시아

인도네시아는 중국 대체할 거대시장…
윤석열 대통령의 인도네시아 순방에 맞춰
재계도 분주해졌다
인구 2억7,700만 명의 거대 소비시장이자
니켈·희토류 등 주요 자원을 보유한 생산거점으로
인도네시아의 가능성을 눈여겨봐서다
9월 6일 재계에 따르면
정의선 현대차그룹 회장·구광모 LG그룹 회장
신동빈 롯데그룹 회장·구자은 LS그룹 회장
최윤범 고려아연 회장 등 기업인들은
윤 대통령과 동행한다
이미 삼성전자를 비롯해 현대차·LG전자·LS전선 등이
현지 공장을 가동하고 있거나 건설 중이다
미래 먹거리로 떠오른 2차전지 분야
핵심 공급망 파트너로서도
인도네시아의 비중이 커지고 있다
니켈은 배터리 제조에 들어가는 필수 광물로
인도네시아는 세계 니켈 매장량 1위 국가다

제 4 장
50번째의 저서 출간

나의 원대한 꿈

나는 2001년 안진회계법인에서 퇴직하고
68세 때 '원대한 꿈'을 안고 홍성으로
내려가 사무실을 개설하고 역사서(歷史書)
『세계사와 함께 읽는 재미있는 한국사』 등
12권의 역사서를 출간했다
이어서 '역사서사시' 시집 17권과 수필집·시집 등을
합쳐 50권의 저서를 출간하게 되었는데
2023년 9월 6일 그 50번째의 책
『박정희 정신』을 출판사로부터 받았다
그동안 나의 노력이 사회에서 어떻게 평가되었든
나의 '원대한 꿈'이 이루어진 것 같은 마음에서 기뻤다
그러나 이를 반겨줄 아내는 집에 없었다
예기치 않은 송사(訟事)로 발목이 잡혀 마치
뒷걸음치면서 '어! 어!' 하다가 물에 빠진 사람처럼
지금 내가 할 수 있는 것은 허우적거리는 것 말고는
지푸라기도 하나 보이질 않는다
고립무원(孤立無援)의 늙은이가 돼간다

미국 북에 경고

미국 백악관은 9월 5일(현지 시간)
북한이 우크라이나 전쟁에 쓰일 무기를
러시아에 제공할 경우
대가를 치르게 될 것이라고 경고했다
제이크 설리번 백악관 국가안보 보좌관은
"북한이 러시아에 우크라이나 전쟁을 위한
무기를 제공하는 방안에 대해 북·러 간 논의가
활발히 진행되고 있다는 게
현재 우리의 분석"이라면서
"우리가 공개적으로 밝혔듯이
김정은은 정상급 대화로 연결하는
잠재적 기회로 보고 있다"고 말했다
블라디미르 푸틴 러시아 대통령이 오는
9월 12일 블라디보스토크에서 열리는
동방경제포럼 본회의에 참석할 예정이라고
러시아 정부가 밝히면서 김정은·푸틴
정상회담이 성사될 가능성이 더욱 높아졌다

외교의 변화 한·일·중

종전의 '한중일'이 '한일중'으로 바뀌었다
외교용어의 큰 변화다
윤석열 대통령이 9월 7일 인도네시아 자카르타에서
리창 중국 총리와 만나
"한일중 정상회담이 빠른 시일 내에
한국에서 이뤄질 수 있도록 협조해달라"고 당부했다
리 총리는 "적극 호응하겠다"고 화답했다
윤 대통령은 "북핵은 우리에게는 실존의 문제"라며
"북핵이 해결되지 않으면 한미일 협력 체제는
더욱 공고해질 수밖에 없다"고 말했다
이어 "중국이 안보리 상임이사국으로서의
책임과 역할을 다해달라"며
"북한이 한중관계 발전에 걸림돌이 되지 않도록
협력하자"고 말했다

출구 없는 이재명 단식

이재명 더불어민주당 대표의 단식투쟁이
8일 차에 접어들면서 당 일각에선
"단식을 중단하고 대표직을 사퇴하라"는
주장이 제기됐다
사퇴론은 비명계에서 나왔지만 상당수 의원과
당 관계자들 사이에서도 대정부투쟁 장기화에 따른
피로감을 호소하는 목소리가 잇따르고 있다
김기현 국민의힘 대표는 7일 기자들과 만나
'이재명 더불어민주당 대표의 단식이 8일 차인데
그만하라고 말하러 갈 생각이 없나'라는 질문에
"지금 하고 계신가요?
잘 모르겠습니다"라고 답했다
김 대표는 최고위원회에서
"실제 단식인지 쇼인지도 의문이지만
밤낮 유튜브라이브 방송을 지키는 이 대표의 모습에서
야당 수장의 모습보다는
'관종 DNA'만 돋보인다고 했고
여당 지도부도 이 대표 단식에
조롱으로 일관하고 있다

이번엔 더러운 폭탄

미국이 '더러운 폭탄'으로 불리는
염화우라늄탄을 우크라이나에 지원하기로 했는데
전차를 관통할 만한 파괴력을 가지고 있지만
폭발과정에서 방사성 먼지와 독성물질을 발생시킨다
우크라이나 전쟁 개전 이후 미국이 이 무기를
우크라이나에 제공하는 하는 것은 이번이 처음이다
염화우라늄탄은 핵무기나 원자로 연료 등을
제조하기 위해 우라늄을 농축하는 과정에서
남은 우라늄 폐기물을 탄두로 해 만든 포탄이다
미국은 1991년 걸프전쟁과
1998년 코보소 전쟁
1999년 유고슬라비아 전쟁 등에서
염화우라늄탄을 사용했다
미국뿐 아니라 러시아 · NATO회원국들도
염화우라늄탄을 보유하고 있다

임용원 당신에게

여보! 내가 졌습니다.

지수 말대로 "아버지는 패배자야요." "법적으로 아버지를 도와줄 사람은 아무도 없어요." "너 조용히 좀 해라!" 하고 약국에서 벌떡 일어나 집으로 왔습니다.

나의 답답한 마음을 누가 헤아려주겠습니까? 나는 답답한 마음을 나 스스로 글로써 풀고 있습니다.

지금 내가 쓰고 있는 책은 『법조계 악성카르텔』이라는 책입니다.

처음에는 『개판이 된 재판』으로 시작했는데 타이틀을 바꿨습니다. 나는 어제 나의 '50번째의 저서' 『박장희 정신』이란 책을 택배로 받았는데, 이 『법조계 악성카르텔』이란 책이 마지막 책이 될 지도 모릅니다.

이 책은 다음과 같이 구성되어 있습니다.

『법조계 악성 카르텔』
제1장 캠프 데이비든 정신
제2장 개판이 된 재판
제3장 고립무원의 늙은이
제4장 50번째의 저서 출간
제5장 벼랑 끝의 90 늙은이

등으로 당신과 내가 만나는 일에서부터 지금까지 살아온 우리의 실화와 이혼소송으로 이어지는 과정을 소상하게 설명하였습니다. 그리고 그간 법조계의 고질병인 전관예우와 법조계의 악성 카르텔을 사회에 고발하는 내용이 되겠습니다.

늙은이들의 '황혼이혼'을 마치 그들의 먹잇감으로 생각하는 그들에게 경종이 될 것입니다. 나는 당신과의 다툼에선 패배했습니다.

그러나 이제부는 법조계와의 싸움을 시작할 것입니다.

피터지는 싸움이 될 지도 모릅니다만 내 한 몸 던져서 사회혁명(社會革命)으로 이어진다면 나쁘지 않은 싸움이 될 것이라 생각합니다. 내가 쓴 글 가운데 하나를 당신에게 보여드리려고 합니다.

「나의 원대한 꿈」

나는 2001년 안진회계법인에서 퇴직하고
68세 때 '원대한 꿈'을 안고 홍성으로 내려가
사무실을 개설하고 역사서(歷史書)
『세계사와 함께 읽는 재미있는 韓國史』
등 12권의 역사서를 출간했다
이어서 '역사서사시' 17권과 수필집·시집 등을
합쳐 모두 50권의 저서를 출간하게 되었는데
2023년 9월 6일 그 50번째의 책

『박정희 정신』을 출판사로부터 받았다
그동안 나의 노력이 사회에서 어떻게
평가되었든 나의 '원대한 꿈'이 이루어진 것
같은 마음에서 기뻤다
그러나 이를 반겨줄 아내는 집에 없었다
예기치 않은 송사(訟事)로 발목이 잡혀 마치
뒷걸음을 치면서 "어! 어!" 하다가 물에 빠진
사람처럼 지금 내가 할 수 있는 것은
허우적거리는 것 말고는 지푸라기도 하나
보이질 않는다
고립무원(孤立無援)의 늙은이 신세다…

나는 이 책이 출간되는 대로 법조계의 악성 카르텔과 싸움을 시작할 것입니다.

제1장부터 제4장까지는 이미 완성되었고 이제 제5장만 마무리하면 됩니다.

목숨을 걸고 싸울 것입니다. 난 살 만큼 살았습니다. 이제 90 늙인가 무서울 것도 없습니다. 운이 좋으면 구치소 생활도 한번 해보고 가야지요.

당신은 그동안 재판과정에서 김 서방이 다 해서 나는 모른다고 나에게 말한 적이 있습니다. 당신은 2020년 7월 27일 집을 나가면서 "그동안 행복했습니다. 감사합니다"라고 했고, 서울 가정법원에서는 "집을 나갈 때 이혼할 생각을 하지 않았다" 그리고 소송 내용 중 "위자료 5,000만 원과 자산분할 10억 원도 나는 요구한 일이 없다. 모르는 일이다"라고 분명히 말했습니다.

그러나 결과적으로 재판에서 당신은 승자가 됐고, 나는 패자가 되었습니다.

약자보호(弱者保護)라는 편견으로 법조계(法曹界)의 악성카르텔이 만들어낸 사회부조리(社會不條理) 중의 하나입니다. 뿌리 깊은 부조리입니다. 척결해야 합니다. 김 서방에게 책임을 묻고 싶지만 내 김 서방하고 다툴 여유가 없습니다. 시간 낭비구요. 이제부터는 국가권력(國家權力)을 행사하는 법조계의 악성 카르텔과의 싸움이 될 것입니다. 멀리서 지켜봐주세요.

2023년 9월 11일

한·인도네시아 정상회담

윤석열 대통령과 조코 위도도 인도네시아
대통령은 9월 8일 전기자동차와
할랄식품(이슬람 허용식품) 관련
양국 협력을 확대하기로 합의했다
동남아시아 최대 전기차 시장이자
세계 최대 할랄식품 시장인 인도네시아에서
한국 기업의 역할이 더 커질 것이란 기대가 나온다
양국 정상은 자카르타 대통령궁에서
총 6건의 양해각서에 서명했고
인도네시아 수도(首都) 이전사업에
한국 기업이 참여하는 방안도 논의했다
인도네시아는 2045년까지 40조 원의 예산을 투입해
수도를 자카르타에서 동칼리만탄으로 옮길 계획이다
진행 중인 8조 원 규모의 전투기 공동개발도
성공적으로 마무리하자고 의견을 모았다

모로코 120년 만의 강진

북아프리카 모로코 남서부 산간 지역 일대에서
9월 8일 발생한 규모 6.8의 강진으로
참사 사흘째인 10일 현재 최소 2,012명이 숨지고
2,059명이 다쳤다고 모로코 내무부가 밝혔다
부상자 중에선 중상자가 1,400여명에 달해
피해 규모는 커질 것으로 전망된다
윤석열 대통령은 10일 인도 뉴델리에서 열린
G20 정상회의 발언에서
"오늘 아침 모로코 지진 소식을 들었다"며
"많은 인명피해가 발생한 데 대해
진심 어린 위로의 뜻을 전한다"
"대한민국은 필요한 지원을 아끼지 않겠다"고 약속했다
조 바이든 미국 대통령·시진핑 중국 국가주석은 물론이고
전쟁 중인 러시아·우크라이나도 연대 의사를 표명했으며
금년 2월 50,000여 명의 목숨을 앗아간
대지진을 겪은 튀르키예도 지원행렬에 동참했다

G20 뉴델리 정상회의

윤석열 대통령은 9월 10일 인도 뉴델리에서 열린
주요 20개국(G20) 정상회의 세션3에 참석해
규범에 기반한 국제질서를 지키고 강화하는데
대한민국이 역할을 하겠다며
우크라이나에 내년 3억 달러
중장기적으로 20억 달러 이상을 지원하겠다고 발표했다
국제사회의 자유와 평화·번영 등
보편적 가치를 수호하는 글로벌 중추 국가로서
역할을 다하겠다는 취지다

바이든 광폭 행보

바이든, 시진핑·푸틴 G20 불참 틈타 광폭행보…
미국이 9월 9일 G20 정상회의에서
인도·중동·유럽을 철도 등으로
연결하는 구상을 공개했다
중국과 중앙아시아·유럽을 이으려는
중국의 일대일로(육상·해상·실크로드) 사업에
맞불을 놓는 방안이다
조 바이든 미국 대통령은 시진핑 국가주석이 불참한
G20 정상회의에서 여러 정상과 접촉하며
중국 견제를 본격화했다
미국·인도·사우디아라비아·UAE·프랑스·독일·이탈리아
정상들은 회의에서 '인도·중동·유럽'
경제회랑을 추진하는 양해각서(MOU)를 맺었다
MOU 체결국 외에 이스라엘·요르단도
IMEC에 동참하기로 했다
IMEC는 인도·중동·유럽의 철도·항만 등의
인프라를 연결해 상호무역을 촉진하는 게 핵심이다

한·인도 정상회담

윤석열 대통령과 나렌드라 모디 인도 총리가
10일 정상회담을 갖고 전기차와 수소 등
에너지 우주개발 협력을 확대하기로 했다
세계 3위 탄소배출국가인 인도가 '전기차 전환과
글로벌 그린 수소 생산국'을 목표로 설정한 가운데
기술력을 가진 한국이 인도를 '기회의 땅'으로 삼고
협력 강화에 나선 것이다
양 정상은 또 북한의 전례 없는 도발이
한반도뿐만 아니라 국제사회의 평화와 안정에
심각한 위협이라고 보고
국제사회의 단합되고 단호한 대응이 필요하다는데
의견을 같이 했다고 대통령실이 밝혔다

윤·바이든 친분

윤석열 대통령은 9월 9일
인도 뉴델리 G20 정상회의를 계기로
조 바이든 미국 대통령과 하루 세 차례 만나 환담하며
친분을 과시했다
지난달 8월 18일 미국 캠프 데이비드에서
한미일 정상회의를 개최한 뒤 3주 만의 만남이었다
갈라만찬 때는 나란히 앉아 1시간 30분 동안 대화했고
캠프데이비드에서의 환대에 감사드린다
한미일 3국협력이 전 세계
자유·평화·번영에 기여할 것이라는 점을
다양한 계기를 통해 이야기하고 있다
윤석열 대통령은 10일 점심 무렵엔
기시다 후미오 일본 총리와 20분간 정상회담을 했다
윤 대통령은 이날 리창 중국 총리와도 지난
7일 한중회담 이후 사흘 만에 다시 만났다
"시진핑 주석에게도 각별한 안부를 전해달라"고 말했다
이에 리 총리는 "대통령 말씀을
시 주석에게 잘 전달하겠다"고 답했다

윤 대통령 귀국하던 날

윤석열 대통령이 인도네시아·인도 순방을 마치고
9월 11일 귀국하던 날
김정은 북한 국무위원장이 열차를 타고
러시아 블라디보스토크로 출발한 것으로 확인됐다
김 위원장은 푸틴 러시아 대통령과 만나 정상회담에서
푸틴 대통령은 우크라이나 전쟁에 필요한
재래식 무기 등을 요구하고
김 위원장은 핵무력 고도화에 필요한
첨단기술 지원을 요청할 것으로 알려졌다
김 위원장은 전용 방탄열차인 '태양호'를 타고
이동 중인 것으로 추정된다
블라디보스토크역 안 승강장 곳곳에는
다수의 경찰 인력이 배치되는 등
평소보다 경비가 강화됐다
김위원장과 푸틴 대통령의 정상회담은
12일 열릴 수 있다고 전망하고 있다

바이든 베트남 국빈 방문

베트남을 국빈 방문 중인 조 바이든 미국 대통령은
9월 11일 베트남 하노이에서
보반트엉 국가주석과 판민찐 총리를 만났다
전날 바이든 통령은 베트남 권력 서열 1위인
응우옌푸쫑 공산당 서기장을 만나
양국 관계를 '포괄적 동반자'에서
'포괄적 전략 동반자'로 합의했다
베트남은 석탄·철광석·주석·구리 같은
주요 광산물 외에도 희토류를 많이 보유하고 있다
희토류 매장량 기준으로 중국에 이어 세계 2위다
베터리 원료로 쓰이는 니켈과 망간 외에도
보크사이트·크로마이트 등을 생산하고 있다

1955년부터 20년 이상 이어진
베트남 전쟁의 상처는 깊고 처절했다
민간인을 포함한 사망자는 미군 추산 약 120만 명
베트남 정부 추산으로는 300만 명에 달했다
미국 전사자 58,000여 명에 비하면 엄청난 수치다
사이공 함락 이후 해외로 탈출한
남베트남 보트 피플도 106만~150만 명으로 추정된다
초강대국 미국 역시 엄청난 인적·물적 자원을 투입하고도

첫 패전의 불명예를 떠안은 전쟁이었다
불구대천(不俱戴天)의 원수라고 해도
전혀 이상하지 않을 베트남과 미국이
양국 관계를 최고 수준으로 격상시켰다
그래서 영원한 적도 영원한 동지도 없다고 하는가 보다

'대중국 포위망'을 강화하려는 미국이 공을 들인 결과지만
베트남의 속내는 다른 듯하다
남중국해를 끼고 인도차이나반도 동쪽 끝에
남북으로 길게 S자형으로 펼쳐진 베트남은
이웃 나라들과 숱한 전쟁을 치렀다
한무제(漢武帝) 때인 기원전 111년부터 1,000년 이상
베트남을 지배한 중국과는
지금도 협력하며 대립하는 관계다
라오스·캄보디아·태국과도 전쟁을 치른 경험이 있다
그런데도 베트남은 서로 대립하기보다
실리외교에 철저하다
베트남전쟁에서 미국 편에서 함께 싸운 한국은
물론 남중국해 영유권 갈등을 빚고 있는
중국·러시아·인도 등과도
이미 포괄적 전략적 동반관계를 구축하고 있다
베트남은 이런 외교적 유연성을 국익을 위한
'대나무 외교'라고 설명한다
대나무 외교는 응우옌푸쫑 서기장이

2016년 처음 제시한 용어로 그는
"대나무는 강력한 뿌리와 굳건한 줄기
유연한 가지를 갖고 있기 때문"이라고 설명했다고 한다
분쟁을 평화적으로 해결하면서 국익을 도모하는
기회로 삼는다는 것이다
유연하되 어느 한쪽에 치우치지 않는 것이 특징이다

어지러운 세상

나라 안팎이 어수선하다
나는 9월 11일 출판사에서 50회 출간기념회를
열자고 해서 다녀왔다
『박정희 정신』 출간 기념으로 꽃다발 증정과
기념사진에 이어 점심 식사가 전부였지만
마음이 편치는 않았다
내 앞에 떨어진 불로
아침에 아이들과도 의견 다툼이 있었고
내가 지금 무슨 벌을 받고 있나…
그 책 『박정희 정신』 '출판사 편집 후기'의
김순진 사장의 말대로
지금의 중국 역사는 기원전 145년 한(漢)
나라에서 태어난 사마천(司馬遷)이
『태사공서』를 집필하던 도중 흉노족에게
포위당해 항복한 이릉(李陵) 장군을 변호해
한무제(漢武帝)의 노여움을 사 사형을 선고받았다
이때 사형을 면하려면 돈 50만 전을 내고
서민으로 풀리는 것과
궁형(宮刑) 중 하나를 택해야 했는데
가난했던 사마천은 결국 쓰다가 마치지 못하고
사형당한 선친의 유지를 받들기 위해

궁형을 받고 성불구자가 되었다고 한다
그가 쓴 『태사공서』는 완성되었다
이 책이 훗날 이름이 바뀌어 사기(史記)로
전해지고 있다고 하는 말이 떠올라
주제넘게 역사를 논하다가
이런 벌을 받고 있는 것은 아닌지…
나의 복잡한 속내를 모르는
김 사장과 전하라 편집장이
'꽃다발을 가지고 가시라"고 권했지만
그것을 들고 집에 올 기분은 아니었다
차에 두고 온 나의 마음은
미안하기도 하고 착잡하였지만
어쩔 수가 없는 발걸음이었다

리비아의 비극

북아프리카 리비아를 덮친 폭풍 '대니얼' 댐 붕괴로
사망 최소 6,000명 실종 10,000명
홍수로 10만 도시 25% 사라지고
계곡·건물 아래 시신 널려 있어
9월 11일 로이터통신 등에 따르면 바다를 거치며
열대성 사이클론으로 발달한 '대니얼'은
전날 알바이다·다르나·마르즈 등
동부 도시에 상륙해 많은 비를 뿌렸다
특히 인구 10만 명인 다르나에선
낡은 댐 2개가 무너지며 홍수가 일어나
주거지역 전체가 물에 잠겼다
'대니얼'은 지난주 그리스·튀르키예·볼리비아를 휩쓸며
25명의 목숨을 앗아가는 등
피해를 입혔다

북·러 악마의 거래

미국 "푸틴 국제 왕따에 무기 구걸…
미국은 김정은 북한 국무위원장의 러시아 방문 및
북·러 무기 거래 가능성에 대해
"국제적 왕따에 지원 구걸"
"악마의 거래" 같은 표현으로
강도 높게 경고메시지를 보냈다
미 국무부는 "북·러 무기 거래 시 주저 없이
제재"를 가할 것이라고 했다
북·러 정상회담이 임박한 가운데
대통령실은 9월 12일
"러시아는 유엔 안전보장이사회 상임이사국으로서
책임 있는 행동을 하기 바란다"고 밝혔다

위험한 시대

러시아 푸틴과 북한 김정은의 정상회담이 개최된다
세계질서와 한반도에 새로운 변곡점이 발생했다
우리는 강대국·지정학·북한문제가
복잡하게 얽혀있는 힘든 시대를 맞았다
'진영대립의 시기'는 북핵문제가 미중 경쟁 및
러시아의 우크라이나 침공과 연결되면서 시작됐다
이제 중국과 러시아의 북한 관련 행동은
우리 실존에 직접적인 영향을 미친다
위험한 시대 위험한 인물 간의 군사적 거래는
세계질서에 닥쳐올 거센 격랑의 예고편 같다고 했다
북·러의 밀착은 남북 모두의 위험이다
그러나 훨씬 더 위험한 쪽은 북한이다
마치 변화무쌍한 폭풍우에 바다를
자체 동력 없는 범선으로 항해하려는 듯
김정은은 국운(國運)과 자신의 운명(運命)을
바람에 걸고 있는 듯하다

북·러 정상 밀착 회동

30분 먼저 온 푸틴 "오랜 친구 낫다"
푸틴 "위성개발 지원"
김정은 "제국주의와 싸우자"
북·러 정상 보스토니치 우주기지서
5시간 30분 밀착 회동…
김정은 북한 국무위원장과
블라디미르 푸틴 러시아 대통령이
9월 13일 정상회담에서 정찰위성 개발 등
군사기술 협력 방안을 집중논의했다
두 정상은 러시아가 2012년 신설한
첨단 우주기지인 보스토니치 우주기지에서
2시간가량 회담한 뒤 만찬을 이어가며
이날에만 5시간 30분을 함께했다
이날 회담에서 무기 거래 등 군사기술 협력은 물론이고
대북제재 완화·식량·에너지 수출과
북한 노동자 파견 문제 등까지
폭넓게 논의된 것으로 보인다
김여정 노동당 부부장이
김 위원장의 러시아 방문에 동행한 모습이 포착됐다

박근혜 만난 김기현

국민의힘 김기현 대표가 9월 13일
대구 달성군 사저를 찾아 박근혜 전 대통령을 예방했다
박 대통령이 2021년 12월 특별사면으로 석방되고
여당 지도부와 만난 것은 처음이다
김 대표는 "윤 대통령에게
오늘 박근혜 전 대통령을 찾아뵙는다고 했더니
'만나 뵈면 한번 모시고 싶다'는
말씀을 전해달라고 했다"며
"박대통령에게 전했더니 긍정적으로 답변했다"고 말했다
그러면서 김 대표는 "내년 총선에서 이기기 위해
보수가 대단합을 해야 한다
그런 차원에서 대단결할 수 있도록
힘을 모아야 하는 만큼
박 전 대통령이 가진 많은 경험과 역량을
모아야 하지 않겠느냐는 게 저의 생각"이라고 덧붙였다

투사형 전진 배치

윤석열 대통령이 9월 13일 장관 3명을
교체하는 개각을 단행했다
신원식 국방부장관 후보자
- 박근혜 전 대통령의 동생 박지만 육사 동기
3성 장군 출신으로 육군사관학교 내
홍범도 장군 흉상 이전 등
국방관련 이슈가 불거질 때
야당의 공세에 적극 맞섰다
유인촌 문화체육관광부 장관 후보자
- 이명박 정부시절 문체부 장관으로 재직하며
업무 추진력이 강하다는 평가를 받았다
김행 여성가족부 장관 후보자
- 박근혜 정부청와대 대변인 이후
꾸준히 야당과 맞서는 데 앞장섰다

아름다운 마무리

사람들은 만날 때보다 헤어질 때가
더 중요하다고들 한다
아름답게 헤어질 수는 없을까?
재혼해서 35년간 잘 살다가
"그동안 행복했습니다 감사합니다"
인사하고 나간 아내가
느닷없는 이혼소송으로
3년여 다툼이 이제 막 끝났다
마무리만이라도 아름답게 하고 싶다
그런데 왜 이렇듯 어려울까?
어떻게 해야 만나서 이야기할 수 있을까
아이들 보기가 민망하다
삼고초려(三顧草廬)란 말이 떠오른다

제 5 장
벼랑 끝의 90 늙은이

부동산 강제경매

2023년 9월 14일 서울중앙지방법원으로부터
2023타경112661 부동산강제경매 통보를 받았다
예정일:
담당재판부: 경매3계 법원주사보 백지혜
채무자는 법원에 경매개시결정에 대한 이의신청과
이의신청에 관한 재판에 대하여 즉시 항고를,
매각허가에 대한 이의신청 사유가 있다거나
그 결정 절차에 중대한 잘못이 있는 것을
이유로 매각여부에 대한 항고를 할 수 있고,
경매절차를 진행하는 도중에 채무를 변제하거나
채무자와 합의가 되면 채권자는
경매절차를 취소하거나 기일 연기신청을 할 수 있다
이는 아연실색할 수밖에 없는 통보였다

사회악(社會惡)

이 사회 최고의 사법고시 엘리트층이
국가권력을 행사하는 법조계의 카르텔을
형성 자유·평등·정의를 기치로
유전무죄(有錢無罪) 무전유죄(無錢有罪)의
뿌리 깊은 사회악의 온상이 되어
국민의 고혈로 치부(致富)하는 이들이다
악어가 득실거리는 것 같은
서초동 법조타운을 들락거리면서
이 같은 거대한 악성 카르텔을 목격할 수 있었으니
나에게 어떤 불명예가 닥칠지라도 나는
이를 사회에 고발할 생각이다

지하철 7호선을 타고

2023년 9월 15일 나는 지하철 7호선을 타고
부천으로 가 601호의 벨을 눌렀다
벨… 무응답
우편함… 10여일 전에 온 우편물 방치
전화… 수신거부
호랑나비… 한 마리가 호박잎에 숨었다?
김흥국의 노래가 생각나 메모만 남기고 돌아왔다

집에 와서 아내의 사위 김승태에게
문자 메시지를 보냈다
"법원서류 어제 받았네
강제경매 말고 해결방법이 있으니
만나서 얘기하고자 하네
연락바라네"
즉시 답이 왔다
"그 방법이 무엇인지 문자로 보내시면
읽어보겠다고 하십니다"

"과정은 힘들었지만
마무리는 아름답게 하세
중대사를 어떻게 한마디로 답을 하겠나"

"그래서 아름다운 마무리를 위해
세 사람의 파양(罷養)서류를 보내라고 한 것이고
그래야 아름다운 마무리가 되겠지요
그 이전에는 만날 일도 더 할 이야기도 없다고 하십니다"
이게 최후통첩이라 느껴졌다

양승태 대법원장 징역 7년

검찰이 이른바 '사법농단' 사태로
역대 대법원장 중 처음으로 재판에 넘겨진
양승태 전 대법원장(75)에게 징역 7년을 구형했다
9월 15일 결심공판에서 검찰은
"사법행정권의 최고 책임자인 피고인들이
재판에 개입해 법관의 도리를 심각하게 훼손한
초유의 사건"이라면서 구형했다
함께 재판에 넘겨진
박병태 전 대법관(66)은 징역 5년
고영한 전 대법관(68)은 징역 4년
검찰은 또 "재판 독립을 파괴하고 특정 판결을 요구해
법관의 독립이라는 헌법적 가치는 철저히 무시됐고
당사자들은 공정한 재판을 받을 권리를 침해받았다"며
강도 높게 비판했다
이어 "사법부 스스로 이에 대한 법적책임을 져야만
사법부가 다시 정상화할 수 있을 것"이라고 강조했다

문정부 통계 94차례 조작

문재인 정부 당시 집값·소득·고용 등
주요 국가통계를 작성 활용하는 과정에서
청와대와 국토교통부가
한국부동산원·통계청 등을 압박해
수치를 조작하는 등 불법행위를 저질렀다고
감사원이 9월 15일 밝혔다
사실상 문재인 정부 임기 내내 관련조작이 진행됐고
자료와 증거로 입증된 가장 객관적인 개입 사례만
94회라는 것이다
감사원은 문재인 정부 청와대 정책실장 4명
(장하성·김수현·김상도·이호승)과
홍장표 전 대통령경제수석비서관
황덕순 전 대통령일자리수석비서관 등
경제 라인 핵심 참모들과 김현미 전 국토부 장관
강신욱 전 통계청장 등 22명을
검찰에 수사 요청했다

인천상륙작전 73주년

윤석열 대통령이 9월 15일
"인천상륙작전은 공산전체주의 세력을 물리치고
자유민주주의가 승리한 자랑스러운 역사이자
자유세계가 기억해야 할 소중한 자산"이라고 강조했다
현직 대통령이 인천상륙작전 전승(戰勝) 행사를
주관한 것은 처음이다
행사에는 국내외 6·25전쟁 참전용사들이 초청됐다
미국 해병대 대전차 포병으로
인천상륙작전에 참가했던 빈센트 소델로(91)와
미국 해군 상륙함을 타고 참전했던 앨프리드 김(94)
등 해외 참전용사들이 참석했다
전승기념식에 이어 인천상륙작전 시연 행사도 진행했다
연합상륙기동부대 탑재 사열에는
한국의 마라도함·캐나다 벤쿠버함
미국 아메리칸함도 함께 했다

정치파국

단식 19일째의 이재명 민주당 대표가
9월 18일 건강 악화로 병원에 입원했다
검찰은 이 대표 신병을 확보하려고
구속영장을 청구했다
민주당은 이에 대응해
한덕수 국무총리 해임건의안을 제출하고
국회상임위원회 일정을 보이콧했다
제1야당 대표를 범법자로
체포동의안 표결이 예상되는 상황에서
단식이란 극단적 대응을 선택한 야당 대표가
연출한 정치파국이란 평가가 나온다
이 대표는 18일 아침 혈당이 급속히 떨어지며
구급차에 실려 여의도성모병원으로 이송됐다가
녹색병원에 입원하고
수액치료 외 음식 섭취를 거부하며
병상단식을 이어가고 있던 시각에
서울중앙지법 반부패수사부는 이 대표에 대한
구속영장청구를 공지했다
영장엔 '백현동 개발사업의혹'과
'쌍방울그룹 대북송금 의혹'으로
200억 원대 배임과
800만 달러 뇌물혐의를 담았다

한동훈 법무부장관

한동훈 법무부장관은
18일 단식 도중 병원으로 이송된
이재명 더불어민주당 대표에 대해
검찰이 구속영장을 청구한 것을 두고
"수사받던 피의자가 단식해서 자해한다고 해서
사법 시스템이 정지되는 선례가 만들어지면
안 된다고 생각한다
그러면 앞으로 잡범들도
다 이렇게 하지 않겠나"라고 말했다
한 장관은 민주당 반발에 대해선
"이 사건은 정치·민주당과는 전혀 무관한
이재명 개인의 성남시장·경기지사 시절
범죄 혐의 수사"라고 했다

윤 대통령 유엔총회 참석

윤석열 대통령과 김건희 여사가
9월 18일 유엔총회 참석차
대통령 전용기인 공군1호기 편으로 출국해
뉴욕에 도착했다
지난해 9월에 이어
취임 후 두 번째 유엔총회 참석이다
윤석열 대통령 4박 6일 외교전 돌입…
'북러 경고-엑스포 유치' 총력전…
뉴욕 도착 직후 체코 등과
정상회담 협력 관계 다지고
부산엑스포 지지 당부…
최소 30개국과 회담 더 늘어날 수도 있다

고개 숙인 이균용

이균용 대법원장 후보(61)가
9월 19일 국회인사청문회에서
재산 신고 누락 의혹 등에 대해 사과하며 고개를 숙였다
야당은 "현행법을 위반한 사람을
사법부 수장으로 임명할 수 없다"며
사퇴를 촉구했다
처가 측 비상장회사 주식 10억 원 상당을
재산신고 때 누락한 것이 문제가 되었다
반면 여당은 "사법부 정상화의 적임자"라며
이 후보자를 옹호했다
사법부의 정상화(司法府의 正常化)의
적임자(適任者)…라?

단식 만류한 문재인

문재인 전 대통령이 9월 19일
단식 20일째인 이재명 더불어민주당 대표에게
"다른 모습으로 싸우는 게 필요한 시기"라며
단식 중단을 권유했다
이날 오후 9·19평양공동선언 5주년 기념행사
참석에 앞서 이 대표가 입원 중인
서울 중랑구 녹색병원을 찾아 23분가량
이 대표를 위로했다
이 대표는 단식 중단 권유에 즉답을 피했다
대신 "끝없이 떨어지는 나락같다
세상이 망가지고 있는 것 같아서
단식을 할 수밖에 없었다"며
"이런 걸음까지 하게 해서
정말 죄송하다"고 답했다고 한다
문 전 대통령의 단식 중단 권유도
사실상 뿌리친 것이다

문 전 대통령은 여의도 63빌딩에서
한반도평화포럼 주관으로 열린
9·19선언 5주년 행사에 참석해선
윤석열 정부의 경제·안보정책을 작심 비판했다

"김대중·노무현·문재인으로 이어진
진보정부에서 안보성적도·경제성적도
월등 좋았던 것을 확인할 수 있다"
"안보는 보수가 잘한다"
"경제는 보수정부가 낫다"라는
조작된 신화에서 벗어날 때가 되었다고 하면서다
북핵은 고도화하는데 자성(自省)없이
9·19 자화자찬만 한 문재인이라는 사설이
눈길을 끌고 있다

정치얘기만 할 때인가

오늘이 2023년 9월 20일이다
지금 내가 이러고 있을 때가 아니다
내 코가 석 자인데 정치 얘기라니…
어제는 홍성 사무실에 다녀오느라
내가 집에 없는 사이
서울중앙지방법원 집행관 사무소에서
2023타경112661 부동산임의(강제)경매
안내문을 현관문에 붙여놓고 갔다

아내가 보낸 우편물 도착안내서도 붙어 있었다
우선 아내의 편지가 궁금했다
우체국 직원이 오늘 다시 온다고 해
나는 아침부터 기다리고 있었다

나는 해외 출장 시 비행기를 타고 다니면서
세계사를 떠올렸고
홍성을 오가는 기차를 타고 다니면서
한국사를 집필했다
방에 틀어 앉아서 생각하는 것보다는
돌아다니면서 생각하는 편이다
책이 나오면 아내가 제일 먼저 독파했다

나의 제1호 애독자였던 아내…
그런 아내가 이혼소송을 해온 것이다
이제는 이혼소송에서 승리했다고 대화를
거부하고 행방을 감추었다
그러나 나는 아내가 나타날 때까지 계속
부천엘 오르내릴 것이다
지성(至誠)이면 감천(感天)이라고 했다

반송 편지

어제 우편물 도착안내서에
보낸 분: 임용원
받는 분: 김제방이라고 해서
집에서 잔뜩 기다렸다
그러나 역시 10여 일 전에 보낸
나의 편지가 반송돼 돌아온 것이다
우리는 35년을 살면서 많은
대화를 나눈 부부였다
어쩌다가 이 모양이 되었는지
숨이 막힐 지경이다

고립·은둔 청년

그는 방안에 틀어박혀 지낸다
스스로 가둔 것이다
밖에 나오는 건 몰래 화장실 갈 때뿐
예전 친구·지인들과의 연락은 끊었다
가족과의 대화도 거의 없다
컴퓨터게임을 하거나 밤낮은 바꿔
잠을 자며 하루를 보낸다
드라마·뉴스에 나오는 별종이 아니다
일가친척이나 가까운 이웃 중에 있는 청년 이야기다
보건복지부에 따르면
타인과 의미있는 관계를 맺지 못하고
한정된 장소에 머무르며 사회적 교류를 단절하고 있는
'고립·은둔 청년'이다
정부가 전국 실태조사를 처음 실시해
국내 19-39세 고립·은둔 청년이
516,000명에 달한다는 추산치를 밝혔다
고립·은둔의 주요 원인은 실직과 취업난이다
모두가 우울한 이야기다

윤 대통령 북·러 비판

윤석열 대통령은 9월 20일
제78차 유엔총회 기조연설에서 러시아를 겨냥해
"세계평화의 최종적 수호자여야 할
유엔안전보장이사회 상임이사국이
다른 주권국가를 무력 침공해 전쟁을 일키고
전쟁 수행에 필요한 무기와 군수품을
유엔안보리 결의를 정면으로 위반하는 정권으로부터
지원받는 현실은 자기모순적"이라고 밝혔다
우크라이나 침공과 북·러 정상회담에 따른
군사협력 정황을 들어
러시아를 강한 어조로 비판한 것이다

불체포특권 포기한 이재명

불체포특권 포기 3개월 만에
체포안 부결 읍소한 이대명 민주당 대표
자신에 대한 국회의 체포동의안 표결을
하루 앞둔 9월 20일
"명백히 불법부당한 이번 체포동의안의 가결은
정치검찰의 공작수사에 날개를 달아줄 것"이라며
부결을 호소했다
불체포특권포기 선언 3개월 만에
대국민 약속을 파기한 것이다
또한 단식 21일째에 스스로 '방탄단식'을
인정한 꼴이 됐다
당 대표가 당을 '내로남불'의 수렁에서
헤어나올 수 없게 했다는 비판이 나온다

이균용 대법원장 후보자

이균용 대법원장 후보자가 9월 19-20일 열린
국회 인사청문회에서
재산신고 누락·자녀 상속세 탈루 등 의혹에 대해
"송구하다" "죄송하다"며 여러 차례 고개를 숙였다
이 후보자가 거듭 사과의 뜻을 밝혀야 할 만큼
청문회에서는 그의 개인적 문제에 대해
다양한 의혹이 제기됐다
그러나 이 후보자는
왜 신고를 제대로 하지 않았는지 등에
설득력 있는 설명은 제시하지 못했다
그는 본인과 관련된 법적 쟁점들에 대해
대부분 '몰랐다'는 취지로 해명했다
사법의 책임자는 법과 도덕의 보루다
본의 아니게 됐다는 말은
보통 사람의 변명은 될 수 있을지언정
법을 다루는 공직자에게는 어울리지 않는다

국민은 김명수 대법원장 시절
무참히 훼손된 법원에 대한 믿음을 되찾고
재판 지연 등의 현안을 해결할 능력(能力)과
도덕성(道德性)을 갖춘 대법원장을 고대해 왔다

그런 점에서 윤석열 대통령의 후보자 지명 뒤부터
지금까지 드러난 후보자의 모습은
매우 실망스럽다
사법부 정상화의 핵심은
국민 신뢰회복(信賴回復)이라는 것이
중앙일보와 동아일보 사설 요지이다

이재명 체포동의안 가결

이재명 더불어민주당 대표에 대한 체포동의안이
9월 21일 국회에서 가결됐다
1년간의 방탄공성전(防彈攻城戰)은
결국 내부에서 무너졌다
찬성 149표 · 반대 136표 · 기권 6표
무효 4표로 통과시켰다
민주당이 이 대표의 체포동의안에 대한 맞불 성격으로
올린 한덕수 국무총리의 해임안은
찬성 175명 반대 116명으로 통과됐다
총리 해임건의안이 국회에서 통과된 것은
헌정사상 처음이다
윤석열 대통령은 해임건의안을 거부할
방침인 것으로 알려졌다

민주당 의총 아수라장

방탄은 벗었지만 '리더십 타격'
민주당 분열의 늪으로…
이재명 대표 체포동의안 가결로
이 대표는 구속 위기에 몰렸다
내분과 혼란을 극복해야 하는 과제를 안게 되었다
단식 22일째로 입원 중인 이재명 대표는
21일 자신의 체포동의안 표결에 참석하지 않았고
체포동의안 가결 직후에도 침묵을 지켰다
체포동의안이 표결된 국회 본회의장은
물론 민주당의원총회는 아수라장이 되었고
의총에선 고성이 터져나왔다
친명계는 가결의 책임을 물어
박광온 원내대표 사퇴를 요구했다

"우리가 이재명이다"
21일 오후 5시경 이재명 대표에 대한
체포동의안이 국회에서 가결되자
국회 앞에 모인 이 대표 지지자들은
이같이 소리를 질렀고
국회 앞에는 오전 11시부터
더민주전국혁신회의 등 이재명 대표지지 단체들이

3개 차로를 점거한 채
'이재명 체포동의안 부결 촉구집회'를 열었다
가결 직후 그들은 '국회로 가야한다'며
국회 진입을 시도했다
국회로 가는 길이 막히자 일부 지지자는
국회 앞 여의도 당사로 방향을 틀었다
당사 앞에 모인 100여 명은
"민주당 불지르자"며 발언 수위를 높였다
이들은 방패 벽을 쌓은 경찰들을 밀치며
당사 진입을 시도하다 경찰과 충돌했다

이재명 대표를 옹호하는 친명계는 9월 22일
가결표를 던진 비명계에 집중포화를 퍼부은 반면
비명계는 이 대표의 2선 퇴진과
혁신형비대위 필요성을 주장하며 강하게 충돌하는 가운데
이 대표는 병실에서
체포동의안 가결 후 첫 입장표명을 통해
사실상 사퇴 거부 입장을 밝히면서 민주당의 향배는
한 치 앞을 내다보기 힘든 상황으로 빠져들고 있다
비명계는 21일 박광온 원내대표 등 비명계 원내지도부만
책임지고 사퇴한 것에 대해 반발하며
"이 대표와 친명계 지도부도 물러나고
통합형 비상대책위원회를 구성해야 한다"고 주장했다

친명계 강경파인 5선 안민석 의원도
이날 회의장을 나서면서 "20년 만에
이렇게 험한 분위기의 의총은 처음"이라고 했다
한 민주당 당직자는
"제1야당의 밑바닥을 고스란히 보여주는 의총이었다"며
"국민을 대표해 모여 있다는 국회의원들끼리
서로를 향해 육두문자를 날리고 고성을 내지르며
수준 이하의 모습을 노출했다"고 지적했다

김명수 대법원장 퇴장

김명수(64) 대법원장이 9월 22일 퇴임식을 가졌다
양승태 대법원장의 후임인 김 대법원장은
이른바 '사법농단' 사태로
떨어진 사법부의 신뢰회복이라는 과제를 안고
2017년 9월 25일 대법원장에 취임했다

김 대법원장은 서울 서초동 대법원에서 열린
제16대 대법원장퇴임식에서
"사법부가 추락한 신뢰를 회복하고
국민으로부터 부여받은 책임을 다하는 길은
오직 국민을 위한 '좋은 재판'을 실현하는 것이란
굳은 신념과 절박한 사명감으로
대법원장으로서 일해왔다"고 밝혔다
취임 당시 '좋은 재판'을 만들겠다고 약속한
김 대법원장은 토임사에서도 '좋은 재판'을
11차례 언급하며 강조했다

김 대법원장은 "지난 6년간 국민으로부터
사랑과 신뢰를 받는 사법부로 거듭나고자
대법원장으로서 최선을 다했지만
저의 불민함과 한계로 인해
국민 여러분의 기대에 미치지 못했다는 점을

저는 겸허히 받아들인다"고 말했다
이어 "모든 책임은 저의 탓으로 돌려 꾸짖어주시되
오늘도 '좋은 재판'을 실현하기 위해
열심히 일하는 사법부 구성원들에게
따뜻한 격려와 아낌없는 성원을 보내 달라"고 부탁했다

김 대법원장은 취임 후 공개석상에서
연설을 91차례 했다고 한다
여러분·국민 등 의례적 단어를 빼면
가장 많이 사용한 단어는 '좋은 재판'이었다
'좋은 재판'이라는 말은 무려 218번이나 나왔는데
그렇게 입이 닳도록 강조한
'좋은 재판'은 과연 무엇일까?
김 대법원장은 한마디로 '양질의 재판'이고
'국민을 중심에 둔 재판'이라고 답했다

재판 지연은 법관 3,000여 명과
법원 직원 15,000여 명을 관리자가
계량화를 등한시한 대가이기도 했다
그가 강조한 적정성·충실성·투명성·공정성 등을
듣기에 그럴 듯 하지만 추상적이고 자의적이어서
평가의 잣대로 삼기 어렵다
이런 지적에 김 대법원장은 여러 차례
"어떤 재판이 좋은 재판인지는 국민만이
온전히 평가할 수 있다"고 했다

"측정할 수 없다면 관리할 수 없고
관리할 수 없으면 개선할 수 없다"는
조직 영의 상식과 정반대였다
결국 그가 6년 내내 강조한 '좋은 재판'이 어떤 것인지
어느 정도 실현되는지는 법원 내부에서
누구도 답하기 어려운 상태가 되었다
특히 '재판이 개판'이 되어도
이를 지적하는 사람이 없다는 현실이 안타까운 것이다

국가권력(國家權力)의 전횡(專橫)이
법원에서 자행되고 있지만
누구의 감시·감독도 받지 않는다는 것은 비극이다
'유전무죄' '무전유죄'라는 말이 그냥 나온 말이 아니다
법원 앞에 새겨진 자유(自由)·평등(平等)·정의(正義)는
사치(奢侈)·사칭(詐稱)일 뿐이다
'전관예우' '악성카르텔'을 형성해 어려움에 처한
국민들을 보호하는 게 아니라
이들의 고혈(膏血)을 빨아 치부(致富)하는 수단으로
악용하고 있는 게 현실이다
그리고 국가 발전을 위해 논의해야 할
'대한민국 최고 엘리트 집단'의 두뇌가
비생산적인 곳에서 낭비되고 있다고 하는 사실은
국가적으로 큰 손실이 아닐 수 없다

5일간 41회 양자 회담

5일 동안 총 41회 유엔총회 참석차
미국 뉴욕을 방문한 윤석열 대통령이
9월 18-22일 방미 기간에
2030부산세계박람회(엑스포) 유치를 위해 수행한
양자회담 횟수다
오는 11월 국제박람회기구 총회를 앞둔 상황에서
193개국 정상이 한자리에 모인
유엔총회를 유치 활동을 위한
절호의 기회로 삼고 총력을 기울였다
윤 대통령은 22일 귀국길에 오르기 직전까지도
이라크·세르비아 정상을 만나는 등
엑스포 유치전을 벌인 것이다
강행군을 마친 윤 대통령은 22일 뉴욕을
출발해 23일 귀국했다

100만 치매 환자

기억을 잃은 채 거리를 배회하다가 길을 잃고
교통사고나 실족사 등으로 다치거나
사망에 이르기도 하는 게 치매 환자들이다
가족의 이름은 물론이고
자신이 살아온 삶조차 잊게 만드는 치매는
고령층에 암보다 무섭다는 질환이다
그 치매환자가 100만 명을 넘어섰다
중앙치매센터에 따르면 60세 이상
치매 환자는 1,003,161명에 이른다
급속한 고령화 흐름 속에 환자 수는
해마다 늘어나는 추세다
가족의 일상이 무너지고 보호자가
우울증 환자가 되는 안타까운 사례가 이어지고 있다
누구에게나 찾아올 수 있는 치매 질환은
가족을 넘어 지역사회 전체가
관심을 갖고 나서야 할 사회적 문제다

내가 할 일은 무엇인가

국가권력의 전횡(專橫)으로 벼랑 끝에 내몰린
90 늙은이가 할 일이 무엇인가?
역사 얘기도
정치 얘기도 아니다
풀포기라도 잡아야 한다는
절박(切迫)한 심정일 뿐이다
90 늙은이의 초라한 행색일 뿐이다

90 늙은이의 초라한 행색

내가 50번째 책 『박정희 정신』을 출간하고
준비한 원고가 『윤석열 외교훈풍』
『알푸스산 만년설 녹아』라는 책으로
세 번째로 집필하고 있는 책이
『법조계 악성 카르텔』이다
그러나 나는 출판사 김 사장을 찾아가 부탁했다
절박한 심정으로 지금 집필하고 있는
원고를 먼저 인쇄하자고 했다
추석 전에 원고를 완성하고 추석이
끝나면 바로 출간하자고…
이게 최선의 방법은 아니겠지만
거대한 국가 권력 앞에서 늙은이의
행색치고는 너무나 초라하지만
최선을 다해보자는 결기일 뿐이다

대법원장 공석

김명수 대법원장의 임기가 9월 24일 만료되면서
25일부터 '대법원장 공백 사태'가 30년 만에 현실화됐다
선임 대법관인 안철상(66) 대법관이
대법원장 권한대행을 맡지만
상당기간 사법부 파행운영이 불가피할 것으로 보인다
대법원장 권한대행 체제 가동은 김덕주 전 대법원장이
부동산 투기 의혹으로 사퇴하고
최재호 대법관이 권한대행을 맡았던
1993년 9월 이후 30년 만이다
그때는 인사청문회가 없던 탓에 2주만에 끝났지만
이번에는 인사청문회와 국회의 일정까지 감안할 경우
11월까지 공백이 이어질 수도 있다는 우려가 나온다

더불어민주당 이재명 대표 체포동의안 가결 여파로
민주당 원내대표가 사퇴한 상황에서
국회 본회의가 언제 열릴지 불투명하다
또 민주당 측에선 본회의가 열리더라도
임명동의안을 부결시켜야 한다는
의견이 나온 것으로 전해지고 있다
대법원 내에선 이균용 대법원장 후보자가 낙마할 경우
향후 인사청문회 절차를 고려해

윤석열 대통령이 새 후보자를 서둘러 지명해야 한다는
의견이 나오고 있지만 대통령실 관계자는
이 후보자 인준안 부결 시 대책에 대해
"가정을 전제로 답할 수 없다"며 말을 아꼈다

이재명 단식 중단

더불어민주당 이재명 대표가
9월 23일 단식을 중단했다
자신의 체포동의안이 국회 본회의에서
가결된 지 2일 만이다
26일 구속영장 실질심사에 직접 출석하기 위해
컨디션 회복에 집중하고 있다
이 대표 체포동의안 가결 이후
사실상 내전에 돌입한 친명계와 비명계도
영장실질심사 결과에 촉각을 곤두세우고 있다
친명계는 이 대표가 구속되더라도
대표직 사퇴는 없다는 입장이다
친명계와 강경지지층 일각에서는
이 대표 구속에 대비해 '옥중 공천'과 더불어
국회 본회의 과반 찬성으로
구속 국회의원을 석방할 수 있는
'석방요구 경의안' 추진 가능성도 거론되고 있다
그러나 한 친문 의원은 "체포동의안 표결 과정에서
이 대표 리더십이 바닥을 드러냈다"며
"이 대표 체제로 총선을 치르면 필패한다"고 했다

항저우 아시안게임

한국이 2022년(코로나19로 1년연기)
항저우(抗州) 아시안게임의 본격적인
메달 레이스가 시작된 9월 24일
금메달 5개를 따내며 상쾌하게 출발했다
태권도 품새 종목에서 남자부 강원진이
첫 금메달을 따냈다
한국은 근대5종에서는 간판 전웅태가 2관왕에 올랐고
펜싱 여자 에페에서는 한국선수끼리 결승대결을 펼쳐
최인정이 송세라를 연장 접전 끝에
금메달을 목에 걸었다
항저우에서 한덕수 만난 시진핑
"방한 문제 진지하게 검토…"
4년 만에 한국 국무총리가 방중해
시진핑 중국 국가주석과 양자면담을 했다
항저우 아시안게임을 계기로 이뤄진 것이지만
이달 초 윤석열 대통령과 리창 총리가 만난데 이은
양국 간 정상 소통으로
가시적 성과로 이어질지는 아직 미지수다

김명수 퇴임식

'계란 그물'까지 등장한 김명식 퇴임식…
퇴임식은 전임 대법원장들 때에 비해
3분의 1에 불과했다
청사 밖에 늘어선 직원들과도
작별 인사를 나누는 관행과 달리
행사 참석자와만 악수하고 떠났다
그가 탄 차가 대법원을 빠져나갈 때
시위대가 계란 등을 투척할 것에 대비해
경찰이 그물망을 펴기까지 했다
김 전 대법원장은 재직 내내 김병로가 지목한
'국민으로부터 의심'으로 점철된 모습을 보였다
2017년 8월 문재인 대통령으로부터 지명 받은 다음 날
그는 춘천에서 시외버스와 지하철을 타고
서초동 대법원 청사에 왔다
위선(僞善)의 민낯이 드러나는 데는 오래 걸리지 않았다
예산 4억7,000만 원을 전용해 공관을 호화 리모델링하고
서울 강남 아파트를 분양받은 법조인 아들 부부를
1년 3개월이나 공관에 얹혀살게 했다
며느리가 기업변호사로 소속된 회사의
동료들을 공관으로 데려와 만찬도 열었다
그의 사법부는 무엇보다 정치 편향적 의심을 받았다

코드인사를 문재인 정부의 주요 정치사건에 배정하면서
사법부를 권력의 시녀로 만들었다는 비난이 쏟아졌다

문재인 대통령의 30년 절친
송철호 전 울산시장 당선을 위한 청와대 선거 개입
사건 판사는 온갖 핑계로 재판을 미뤄
결심 공판까지 3년 8개월이 걸렸다
조국·윤미향·최강욱 사건에서도 재판부의
스케줄 정의가 아니라 정치의 편이었다

'지연된 정의'의 장본인 격인 그가 퇴임사에서
"국민이 지연된 정의로 고통받는다면
우리가 추구한 가치들도 빛을 잃게 될 것"이라고 한 것은
설득력이 없어 보인다
문 정부의 통계 조작 강압에 맞서다가 경질된
황수경 통계청장이 이임식에서
"통계가 정치적 도구가 되지 않도록 심혈을 기울였다"고
할 때의 떳떳함을 찾아볼 수 없다
그는 변호사를 할 생각이 없다고 하지만
다른 신분으로 법원에 다시 모습을 보일 가능성도 적잖다
검찰은 그의 허위공문서 작성과 직권남용 혐의에 대해
수사를 본격화하고 있다고 하는
한국경제 '천자칼럼' 이야기다

75주년 국군의날

윤 대통령 "북 핵사용 땐 정권종식"
9월 26일 제75주년 국군의날 기념식에서
"북한이 핵을 사용할 경우
한미동맹의 압도적 대응을 통해
북한정권을 종식시킬 것"이라고 밝히면서
"강한 군대만이 진정한 평화를 보장한다"고 했다
윤 대통령은 경기 성남시 서울공항에서 열린
국군의날 기념식에서 "북한 정권은 핵무기가
자신의 안위를 지켜주지 못한다는 사실을
분명히 알아야 한다"며 이같이 말했다
올해 국군의날 기념식은 '힘에 의한 평화'를 내걸고
2013년 이후 10년 만에 성대하게 치러졌다
병력 6,700명과 장비 200여 대가 참여했다
오후에는 광화문 일대에서 대규모 시가행진이 열렸다
이날 북한 전역의 지휘부 벙커와
핵미사일 기지를 파괴할 수 있는
고위력 탄도미사일 현무-4가 일반에 처음으로 공개됐다

박근혜 진솔한 사과

박근혜 전 대통령의 특별사면 이후 첫
중앙일보와의 언론 인터뷰가 9월 26일 보도되자
정치권에서는 박 전 대통령 발언 하나하나에
큰 관심과 반응을 보이는 등
인터뷰 내용이 화제를 모았다
박 전 대통령은 탄핵에 대해
"모든 게 주변을 제대로 관리하지 못한 게 불찰이라
국민 여러분께 진심으로 사과의 말씀을 드린다"고 말했다
민주당의 중진급 인사도 "탄핵 당시만 해도
박 전 대통령이 국민과 괴리된 느낌이었다면
이번 인터뷰에서 탄핵에 대한 사과는 진솔했다고 본다"며
"2007년 대선 경선 당시 이명박 대통령에 지고
패배를 담백하게 인정할 때 굉장히 인상적이었는데
그런 느낌이 떠올랐다"고 말했다
'잼버리로 국격실종·후쿠시마원전 오염수 방류 반대를
주장을 하는 문재인' 행각에 시달린 터라
더 신선하다고 했다

이재명 영장기각

이재명 더불어민주당 대표가 9월 27일
법원의 구속영장 기각으로 기사회생하면서
정국이 급반전하고 있다
당장 야권에선 부활하며 '더 세진 이재명' 대표가
민주당 내부 갈등을 조기에 정리하고
당 장악력을 공고히 하면서
여야 극한대결이 더 첨예해질 것이란 전망이 나온다
민주당 정청래 최고위원은
"이재명 대표의 직인이 찍힌 공천장이
총선 승리를 부르는 나팔이 될 것이다"라고 했고
민주당 이상민 의원은 "구속영장 기각과는 관계없이
이재명 리스크가 완전히 해소된 게 아니다
이 대표 결단이 필요하다"고 해
반대파 축출을 벼르는 친명계와 2선 후퇴를 요구하는
비명계의 내홍이 더 깊어지는 모습이다

여야의 공방

이재명 대표는 27일 새벽
서울구치소 앞에서 기자회견을 열고
"대한민국 헌정질서를 굳건하게 지켜주고
현명한 판단을 해준 사법부에 깊이 감사드린다"고 하면서
입원 중이던 서울 중랑구 녹색병원으로 돌아가
단식 회복 치료를 이어갔다
민주당은 윤석열 대통령의 공식 사과와
한동훈 법무부 장관의 파면을 요구하며
정부 여당을 상대로 총공세에 나섰다
여당은 당혹스러운 분위기 속에 사법부로 화살을 돌렸다
국민의힘은 "영장 기각이 무죄나 면죄가 아니다"라며
"법원이 개딸에 굴복했다"고 했다
대통령실은 표면적으로는
"사법부 판단에 대해 어떤 언급할 게 없다"는 입장이지만
내부적으로는 영장 발부 가능성에
무게를 두고 있었던 만큼 당혹스러운 기류가 감지됐고
한 관계자는 "예상 밖이기는 하다"며
"추석 민심에도 여권 입장에서
좋지 않은 영향이 있을 것 같다"라고 했다

6일간의 추석 연휴

추석 연휴(9월 28일 ~ 10월 3일) 6일 동안
경복궁·창덕궁·창경궁·덕수궁 등 4대 고궁과
종묘·조선왕릉은 무료로 개방된다
그리고 중앙박물관과 각종 박물관도 무료로 문을 연다
정부가 10월 2일을 임시공휴일로 지정해
연휴가 6일로 늘어나면서
가족·연인과 보낼 수 있는 시간도 크게 늘었다
도심 곳곳에서도 전통문화와 세시풍속을 체험할 수 있는
다채로운 문화행사가 열리고
청와대에서는 28일부터 30일까지
헬기장에서 전통놀이 체험행사 '청와대 칭칭나네'를,
10월 1일부터 3일까지는 같은 곳에서
전통 공연 '청와대 가을에 물들다'를 개최한다

고향을 찾아가는 귀성객으로 고속도로가 붐비고
서울은 텅 비어있는 느낌이다
추석날인 29일 오후 나는 영종도엘 갔다
약국을 하는 작은딸의 권유로 고위공직에서 물러나
3년을 기다려야 하는 최 서방
한의사 외손자
Y대 공과대학생 외손녀 이렇게 네 식구와 함께…

영종도엘 온 것이다
90평생 명절에 집을 나온 건 처음이다
이번 행보는 벼랑 끝에 선 90 늙은이 모습이 안쓰러웠던
작은딸의 마음씀씀이인 것 같다

다음날 아침에 일어나 최 서방과 같이 산책
코스를 따라 바닷가를 산책했다
해안가 철조망 안에 설치해 놓은 무대 같은
벤치에 앉아 이야기를 나누었다
바닷물은 볼 수가 없었고
물 빠진 갯벌 저편 너머로 강화도가 보였다
인천국제공항이 있는 영종도엘 여러 번 다녀봤지만
이렇듯 넓은 시가지가 형성되어 있는 줄은
이번 여행을 통해서 처음 알게 되었다

귀가하는 30일은
인천 차이나타운에서 아침 식사를 하고 나오니
언덕배기 콘크리트 길에 비가 질퍽하게 내리고 있었다
우산을 받쳐 든 가족 단위 여행객들이
식당을 찾는 모습이 이채롭게 보이기도 했다
빗속을 달려 귀경하는 차 안에서
'어제 저녁에 말다툼은 있었지만
의미 있는 행보'였다고 딸에게 말하면서도
나라 형편도 그렇고…

앞으로 내가 대처할 일의 중압감으로
발걸음이 가볍지는 않았다

청원서

대법원 대법원장님 귀하

사건명: 서울중앙지방법원 2023타경112661 부동산강제경매
채권자: 임용원
  부천시 신흥로 199 C동 601호(중동 트리플타워)
채무자: 김제방
  서울 서초구 방배로 10길 10-11 301호
  (방배동 신화빌라)

안녕하십니까? 저는 위 사건 채무자 김제방입니다.

저는 1985년 원고 임용원과 재혼, 2020년 7월 27일까지 35년간 재혼에 성공한 사람으로 자부하면서 열심히 살아왔습니다. 재혼 당시 아내 임용원은 상당한 지참금(양딸 김선경과 함께 평생을 먹고살 만한 금액)이 있었습니다. 그 지참금은 저와는 아무 상관 없는 돈이라고 생각하면서 35년을 부부로서 품위를 지키면서 살아왔습니다. 아내는 늘 못사는 유일한 혈족인 동생 임유자를 생각하며 자기가 이렇게 행복해도 되는지 모르겠다고 안타까워했습니다.

그러던 중 2020년 전 세계적으로 코로나19가 창궐하고 있을 때 다섯 식구가 뿔뿔이 헤어져 살던 동생 임유자에게 시련이 닥쳐왔습니다.

40여 년 전 이혼해서 살던 제부(법적으로는 부부였음)가

그해 3월에 사망하고, 5월에는 50세 미혼의 조카딸이 사망하자 아내 임용원은 충격을 받고 괴로워하면서 동생과 같이 살겠다고 7월 27일 이삿짐을 싸가지고 나갔습니다.

아내는 나가면서 "그동안 행복했습니다. 감사합니다."라는 인사도 했습니다.

저는 평소에 아내의 심중을 알고 있었으므로 그 '지참금'으로 동생과 함께 늘그막에 행복하게 살기를 바라는 마음에서 쉽게 응락했습니다. 저는 이사비용으로 2천만 원과 용돈을 계속 송금하기로 약속하고 35년간 애용하던 현대백화점 배우자카드도 지참하고 나갔습니다.

그런데 나가던 날 아내의 계획이 무산되었습니다.

이삿짐이 임유자의 강남 임대아파트로 가지 않았습니다.

이때 아내의 양딸 김선경이 미국 시민권자로 사위 김승태는 미국 공인회계사였는데, 이들에게는 서울에 사는 시부모의 병간호를 위해 경기도 부천시 임시 거소(트리플타원 C동 601호)에 살고 있었습니다. 마침 시아버지가 5월에 돌아가시고 시어머니는 6개월 전에 돌아가셨습니다. 이들이 미국으로 돌아갈 준비를 하고 있을 때 그 이삿짐이 부천으로 옮겨간 것입니다.

그 이유는 저도 모릅니다.

아내 임용원도 김선경에게 집을 나간다는 말을 하지 않은 상태였습니다.

아내·임유자·김선경 세 사람 모두에게 황당한 일이 발생한 것입니다.

그런 황당한 일이 벌어지고 약 4개월 후인, 아내 임용원은 2020년 11월 18일에 위자료 5천만 원과 자산분할 10억원 이혼소송을 해왔습니다.

그러나 아내는 서울가정법원 조사관 앞에서 "집을 나갈 때 이혼할 생각은 없었고, 위자료와 자산 분할도 요청한 일이 없으며 나는 모르는 일입니다"라고 진술한 한 바 있습니다. 결국 2022년 7월 19일 서울가정법원(판사 김현정)은 기각판결을 내렸습니다.

그런데 아내는 고등법원에 상소하면서 이혼하지 않는 조건으로 3억원을 요구하였습니다. 저는 1억 원 일시불에 매월 생활비 70만 원을 지급하겠다고 했습니다. 고등법원(판사 김시철)에서는 합의를 도출하는 것으로 알고 있었는데, 2023년 4월 20일 의외로 이혼과 동시에 재산분할 818,000,000원을 선고했습니다.

저는 이에 불복해서 2023년 5월 24일 대법원에 상고했습니다. 대법원에서는 8월 18일 '심리불속행기각' 판결을 내렸습니다.

이와 같은 과정을 거치면서 저는 심한 충격을 받았습니다.

법원 정문 앞에 새겨진 자유·평등·정의는 무엇입니까? 힘없는 국민들은 누구를 믿고 살아야 합니까? 참담할 뿐입니다.

내 나이 올해로 90입니다.

4남매와 사위·며느리·손자·증손자 등 20여식구가 나를 쳐다보고 있습니다. 지금까지는 그런대로 품위를 유지해 가며 살아왔다고 자부했지만, 말년에 이르러 국가권력(國家權力)의 전횡(專橫)으로 벼랑 끝에 내몰린 나의 몰골이 한없이 부끄럽고 자식들 보기가 민망스럽습니다.

이제 이를 하소연 할 곳도 없습니다.

2023년 10월 6일 자로 담당재판부 경매3계 법원주사보 백지현 님에게 하소연한 바 있고, 10월 10일 서울중앙지방법원장님께 청원서(請願書)를 제출하였습니다.

그리고 10월 11일에는 고등법원장님께 청원서를 제출하였습니다.

아내 임용원과 양딸 김선경 사위 김승태는 정체를 숨기고 대화를 거부하고 있습니다. 9월 15일부터 거의 매일 출근하다시피 부천엘 가지만 집을 비워놓고 아무도 없습니다. 전화·서신도 모두 불통입니다. '부동산강제경매'를 피하고 해결할 수 있는 방법을 모색할 수 있도록 '강제매각'은 보류 또는 철회되어야 한다고 생각합니다. 선처하여주시기를 바랍니다.

2023년 10월 12일

김 제 방 올림

부 록

김제방 역사학자의 출판도서 연보

김제방 역사학자의 출판도서 연보

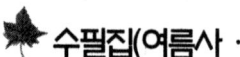 **수필집(여름사 · 지문사 · 행림출판)**

1988년 인간적인 것이 그립다
1989년 빌딩 숲에 매달린 고슴도치
1991년 어느 여름밤의 방황
1992년 물꼬를 터 가는 사람들
1993년 사도세자 압구정역 하차
       비에 젖은 남치맛자락
1994년 둥지를 찾아 헤매는 텃새
1996년 호박이 넝쿨째 굴렀네
       목화꽃이 필 무렵

🍁 시집(지문사 · 한솜)

1998년 이집트로 가는 길
1999년 오아시스로 가는 길
2000년 베이징으로 가는 길
2001년 긴 만남 짧은 이야기
　　　　왕건의 나라
　　　　장하다 홍국영
2003년 흥선대원군 · 명성황후
2004년 고종황제의 최후
2005년 이승만과 김구의 대좌
2006년 박통의 그늘
　　　　세종대왕의 실수
2007년 불타는 창덕궁

 **역사서(문학공원)**

2009년 한국근현대사
2010년 한국중고대사
2011년 조선왕조사
       한국민주화역사
2013년 성공한국사(딥씨)
2015년 한국현대사 · 1
       한국현대사 · 2
       한국현대사 · 3
2016년 한국현대사 · 4
2017년 한국현대사 · 5
       한국현대사 · 6
2018년 세계사와 함께 읽는 재미있는 韓國史

 역사서사시집(문학공원)

2018년 우면산 돌담불
2019년 한강의 기적
　　　　5 · 16혁명
2020년 박정희 황금시대
　　　　문재인 적폐시대
　　　　이승만 건국시대
　　　　전두환 오판시대
2021년 코로나 비상시대
　　　　흔들린 민주주의
　　　　박정희 100년 시대
　　　　추억의 대한제국
2022년 선진국 대한민국
　　　　선진국 원년의 한국
　　　　윤석열 대통령 시대
　　　　조명받지 못한 한국혁명
2023년 중동 건설 붐 이후
　　　　박정희 정신(통산 50권째 저서)
　　　　법조계 악성 카르텔

김제방 역사서사시집

법조계 악성 카르텔

초판발행일 2023년 10월 20일

지은이 : 김제방
발행인 : 김순진
편집장 : 전하라
디자인 : 김초롱
펴낸곳 : 도서출판 문학공원
등 록 : 2004년 3월 9일 제6-706호
주 소 : 우편번호 03382 서울 은평구 통일로 633
         녹번오피스텔 501호 스토리문학사
전 화 : 02-2234-1666
팩 스 : 02-2236-1666
홈페이지 : http://www.munhakpark.com/
이메일 : 4615562@hanmail.net

※ 책값은 뒤표지에 있습니다.
※ 저자와의 협의에 의해, 인지는 생략합니다.